The Self-Determined Learning Model of Instruction

A Practitioner's Guide to Implementation for Special Education

자기결정교수학습모델 (SDLMI)

자기결정 학습을 위한 **교수모델 실행 가이드**

Karrie A. Shogren · Sheida K. Raley 공저

이숙향 역

학지사

The Self-Determined Learning Model of Instruction
by Karrie A. Shogren and Sheida K. Raley

역자 서문

자기결정 증진은 장애 학생의 일반교육과정 접근과 성공적인 성인기 전환을 위해 매우 중요합니다. 장애인 당사자와 부모, 교사들도 교육, 성인기 전환 및 삶의 질을 위한 자기결정의 중요성에 주목하고 있으며, 특히 최근에는 통합학급에서 장애 학생과 비장애 학생 모두의 자기결정 증진을 위한 교수적 노력이 중요시되고 있습니다. 그러나 이와 같은 자기결정의 중요성에도 불구하고, 학교와 가정, 지역사회에서 자기결정 증진을 위한 교수적 노력은 여전히 잘 이루어지고 있지 않습니다. 학생의 자기결정 증진을 위한 구체적인 정보가 부족하여 부모나 교사가 자기결정을 지도하는 데 어려움을 경험하기 때문입니다. 이에 장애 학생과 비장애 학생 모두의 자기결정 증진을 위해 통합학급 및 지역사회에서 활용할 수 있는 증거기반의 실제인 SDLMI의 실행 방법을 소개하고 있는 이 책에 더 주목하게 되었습니다.

그러나 번역에 앞서, 14년 전 발달장애 학생의 자기결정 증진 전략 중 하나로 자기결정교수학습모델(SDLMI)을 번역했을 때와 동일한 고민을 마주하게 되었습니다. 바로 SDLMI의 명칭에 대한 부분입니다. 원문을 직역하면, Self-Determined Learning Model of Instruction(SDLMI)은 '자기결정 학습 교수모델'입니다. 그러나 국내 교육현장에서 '학습 교수모델'이라는 용어가 익숙하지 않아 SDLMI의 본연의 목적과 특성을 명확히 전달하는 데 한계가 있습니다. 실제로 SDLMI는 자기결정 학습모형, 자기결정 교수모델, 자기결정 교수학습모형, 자기결정교수학습모델 등 다양한 명칭으로 번역되고 있습니다. 따라서 현장에서 일반적으로 사용되고 있는 용어와의 일관성을 유지하되 SDLMI의 목적과 특성을 고려하여 이를 '자기결정교수학습모델(SDLMI)'로 번역하였으며, 이와 관련된 구체적인 이유는 다음과 같습니다.

첫째, SDLMI는 교수와 학습이 분리되지 않고 통합된 구조로 교사와 학생의 상호작용을 기반으로 하기에 교수학습모델이라는 용어를 사용하였습니다. SDLMI의 세 가지 핵심 구성요소(학생 질문, 교사 목표, 교수적 지원)를 통해 학생이 학생 질문에 답하며 목표를 설정하고, 계획을 실행한 후, 평가하는 과정에서 교사는 적극적으로 학생과 상호작용하며 필요한 교수적 지원을 제공합니다. 즉, SDLMI는 교사가 일반적으로 지식을 전달하는 것이 아니라 학생과의 상호작용을 통해 답변을 이끌어 내고 목표 달성과 자기결정 학습을 지원하는 모델입니다. 또한 학생이 자기주도학습자, 능동적 학습자, 옹호자의 역할을 할 수 있도록 교사는 촉진자, 교수자, 옹호자로서 학생과 상호작용합니다.

둘째, 교사와 학생 간의 상호작용을 기반으로 하고 있는 SDLMI의 특성을 고려하여 교수학습모델로 번역하였지만, 일반적으로 교수학습모델이 교육현장에서 교수 및 학습을 위한 구조화된 교수 접근(예: 협동학습, 발견학습)을 의미하는 용어로 사용되기 때문에 기존 교수학습모델과 SDLMI와의 차별화를 강조하기 위해 '자기결정교수학습모델'로 붙여쓰기를 하였습니다.

셋째, 교수학습모델이라는 용어를 사용하되, 특히 자기결정 학습을 위한 교수모델이라는 본연의 목적을 유지하기 위해 '자기결정 학습을 위한 교수모델 실행 가이드'라는 부제를 사용하였습니다.

이 책의 차례에서 명확히 구분하지는 않지만, 자기결정의 정의 및 중요성(제1장), SDLMI의 핵심 구성요소(제2장), SDLMI에 대한 연구(제3장)를 다루고 있는 1부와 이를 토대로 SDLMI의 실제적인 실행 방법을 제시하고 있는 2부로 나눌 수 있습니다. 특히 장애 학생과 비장애 학생을 포함한 모든 학생의 자기결정 증진을 위한 SDLMI의 실행을 위해 SDLMI 평가(제4장), 다층지원체계 내 SDLMI(제5장), 문화적으로 지속가능한 SDLMI 실행(제6장), 그 외 통합 환경(제7장) 및 전환계획(제8장)에서의 SDLMI 실행과 복합적 의사소통 요구를 가진 사람을 위한 SDLMI(제9장), 지역사회 및 가상 환경에서의 SDLMI(제10장)와 SDLMI 실제의 미래 방향(제11장)을 다루고 있습니다. 따라서 이 책은 독자들이 자기결정에 대한 기본적인 이해뿐만 아니라 통합학급이나 지역사회에서 장애 및 비장애 청소년과 성인의 자기결정을 증진하기 위해 SDLMI를 실행하는 데 도움이 될 것입니다.

이 책의 번역을 마치며 오랜 친구이자 이 책의 저자인 Karrie, 번역과 교정 작업이 늦어질 때마다 너그러이 이해하고 기다려 주신 학지사의 이영봉 과장님, 교정 작업을 도와준 강하늘 선생님,

늘 기도로 함께 응원하며 지켜봐 주신 사랑하는 어머니께 감사의 마음을 전하고 싶습니다. 무엇보다 부족하기에 은혜로 살 수밖에 없는 저를 늘 인도해 주시고 이 번역 작업의 모든 과정에 함께 해 주신 하나님께 감사를 드립니다.

마지막으로 이 책이 장애 학생의 자기결정 증진을 위해 애쓰시는 선생님들이 통합학급과 지역사회에서 학생들의 자기결정 증진을 위한 기회를 만들고 필요한 지원을 제공하는 데 조금이라도 도움이 되기를 바랍니다. 이를 통해 더 많은 장애 학생 및 성인이 자신의 미래를 위해 원하고 소망하는 꿈과 목표를 미리 생각하고 준비해 나갈 수 있길 기대합니다.

너희 안에서 행하시는 이는 하나님이시니 자기의 기쁘신 뜻을 위하여
너희에게 소원을 두고 행하게 하시나니
(빌립보서 2:13)

2025년 4월

역자 이숙향

이 책에 대하여

이 실행 가이드는 자기결정교수학습모델(Self-Determined Learning Model of Instrucion, SDLMI)을 소개하고 있다. SDLMI는 학생의 자기결정을 증진하고, 학생들이 목표를 설정하고, 그 목표를 달성하기 위한 실행 계획을 세우고, 그들의 진전을 스스로 평가할 수 있도록 교사를 지원하기 위해 고안된 증거기반의 실제이다. 각 장에서는 다층지원체계와의 통합과 문화적으로 지속가능한 SDLMI 실행 방안을 모색한다. 학생들이 학업적 학습, 전환계획 및 지역사회기반 활동에 참여할 수 있도록 지원하기 위해 SDLMI를 활용하는 실제적인 도구를 제공한다. 또한 이 실행 가이드는 자기옹호자로서 활동하는 SDLMI 연구자와 교사들의 이야기도 담고 있어, SDLMI가 실제로 어떻게 적용될 수 있는지를 강조한다. 명확하면서도 포괄적인 이 책은 모든 교육자에게 필수적인 자료이다.

차례

제3장

SDLMI에 대한 연구 • 47

제4장

SDLMI 실행 안내를 위한 평가 활용 • 69

제5장

다층지원체계 내의 SDLMI • 87

제10장

지역사회기반 및 가상 환경에서의 SDLMI • 169

제11장

SDLMI 실제의 미래 방향 • 189

제 1 장

자기결정이란 무엇인가?
왜 중요한가?

저의 자기결정 증진을 위해 노력하며 저도 할 수 있다는 사실에 눈을 뜨게 되었습니다. 동시에 제가 많은 사람의 시선도 바꾸었다고 생각합니다.

(*Stelios Gragoudas*, 자기결정 연구자, 교사교육자)

자기결정은 여러분의 삶에 무엇인가 일어나게 하거나 그것의 원인이 되는 기회를 갖는 것입니다. 자기결정적인 사람들은 목표를 설정하고 그 목표를 달성하기 위해 노력하면서, 부딪치는 장애물을 헤쳐나가고, 원하고 필요로 하는 지원에 접근하고, 자신과 가족, 지역사회가 가치 있다고 여기는 성과를 옹호합니다. 자기결정은 장애 청소년과 비장애 청소년이 주변의 가까운 사람들(예: 친구, 가족 구성원), 교육을 받은 학교, 지역사회로부터 자신의 삶에 무엇인가 일어나게 하거나 원인이 될 수 있는 지원을 받을 때 성장하고 발달합니다.

(*Shogren et al., 2019*)

포용적인 학교와 지역사회에서 효과적이고 문화 감응적(culturally responsive) 지원을 통해 자기결정의 성장과 발달을 지원하는 것은 특히 성인기 전환으로의 항해를 하고 있는 장애 학생을 위한 최선의 실제로 간주된다(Rowe et al., 2021). 그뿐만 아니라, 학교와 지역사회에서 자기결정을 증진하고 강화하려는 노력들과, 사회정서학습의 향상 및 다층지원체계(multi-tiered systems of supports)에서 점차 강조되고 있는 실행능력의 개발을 위한 다른 접근들 간에 공통점이 있다(Shogren et al., 2016). 그러나 자기결정 지원의 초점은 장애인을 포함한 소외된 집단의 경험을 중심에 두고, 그들이 자신의 삶에서 원하는 것을 실현하기 위해 필요로 하고 원하는 지원을 정의하는 데 중점을 두는 중요한 역사를 가지고 있다. 장애 권리 운동은 자기결정을 위한 장애 공동체의 권리와 바람을 반영하기 위해 "우리 없이 우리에 대한 것은 없다(Nothing About Us Without US)"라는 슬로건을 채택했다(Charlton, 2000). 장애인 리더들은 특히 학교에서부터 성인의 역할과 책임으로의 전환 동안 청소년들이 자기결정을 향상하고, 이를 이용하기 위한 기회를 가지는 것을 확실히 하기 위해 특수교육의 변화를 요구했다(Ward, 2005). 다른 시민권리 운동 또한 6장에서 더 논의하게 될 개인과 그룹의 자기결정의 중요성에 초점을 두고 있다.

자기결정 증진은 사람들이 자기결정 능력과 기술을 함양하도록 지원하는 것뿐만 아니라 자기결정권을 행사할 수 있는 공평하고 포용적인 기회를 제공하는 환경을 조성하는 것과 관련있다. 이 장의 시작을 열었던 인용구를 생각해 보자. Stel은 자기결정이란 자신의 삶을 스스로 결정하는 것을 배우는 것일 뿐만 아니라 다른 사람들의 태도를 변화시키고, 장애인들, 특히 다른 교차적 정체성

(intersectional identifies)을 경험하는 사람들이 자신의 삶을 스스로 결정할 수 있는 동일한 권리와 기회를 가지고 있음을 인정하는 더 나은 환경을 만들어 가는 것이라고 강조한다.

그럼, 어떻게 우리가 자기결정을 지원하는 학교와 지역사회를 만들어 갈 수 있을까? 이 책에서 우리는 교육자와 지역사회 구성원들이 장애 학생과 비장애 또래의 자기결정 기회를 증진하기 위해 어떻게 교수 모델—**자기결정교수학습모델**(The Self-Determined Learning Model of Instruction, SDLMI)(Shogren et al., 2018)—을 이용할 수 있을지에 대해 논의할 것이다. SDLMI는 교사와 다른 지역사회 구성원들이 청소년들에게 자기결정과 관련된 능력과 기술들(예: 의사결정, 목표 설정, 자기옹호)을 함양할 수 있는 기회를 만들도록 한다. 이때 교수와 지원은 반드시 문화 감응적이어야 하고, 구조적인 장애물을 인식하고 도전해야 하며, 학생 주도적이고 지역사회 주도적이어야 한다는 것을 인식해야 한다.

제2장에서는 SDLMI의 핵심 구성요소와 실행에 대해 배우게 될 것이다. 그러나 우선은 자기결정의 이해를 위해, 특히 지원적인 맥락에서 장애 청소년과 비장애 청소년의 자기결정이 어떻게 증진되고 발전되는지 이해하기 위한 전체적인 틀을 갖추는 것이 중요하다.

원인 주체 이론: 자기결정의 발달

우리는 자기결정이 지원적인 맥락에서 여러분의 삶에 무엇인가 일어나게 하거나 원인이 되는 것이라고 이미 언급했다. 그래서 자기결정적 사람들은 **원인 주체**(causal agents)이다. 그들은 무엇인가 일어나게 하는 방식으로 행동한다. [그림 1-1]은 원인 주체로서 사람들이 행동할 수 있도록 지원하는 다음의 3가지 핵심적인 자기결정 행동인 **결정하기**(DECIDE), **행동하기**(ACT), **믿기**(BELIEVE)를 강조한다(Shogren & Raley, 2022). 이들은 교육자와 지역사회 리더들이 SDLMI를 통해 지원할 수 있는 행동들이다. 이들 각각에 대해 좀 더 살펴보자.

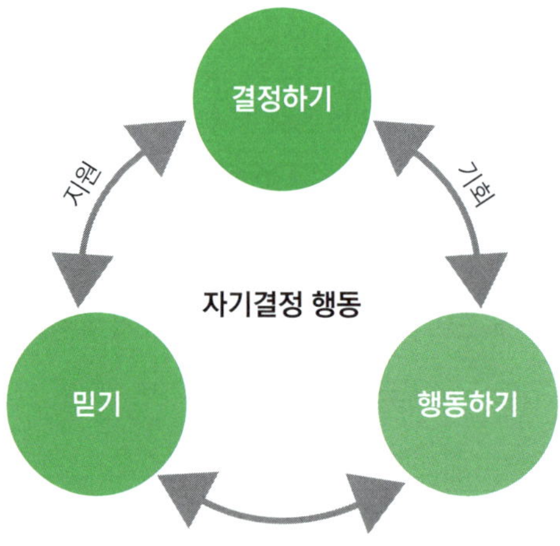

[그림 1-1] 자기결정의 발달

결정하기

자기결정적인 사람들은 자신의 삶의 목표를 향해 노력하면서 의도적으로, 신중하게, 목적을 가지고 행동한다. 그들은 자신과 자신의 가족, 지역사회의 관심사, 선호, 가치, 바람과 신념을 토대로 추구할 목표에 대해 결정한다. 그들은 자신에게 중요한 것을 확인하고 추구하기 위해 자신의 지식 자원을 활용하는 데서 역량이 강화되었다고 느낀다. 자기결정적인 사람들은 다양한 삶의 영역에 걸쳐 선택하기, 의사결정, 목표설정 기술을 배우고, 이를 활용할 기회를 가지며, 자신과 가족, 지역사회를 위한 목표를 확인하고 단계적으로 나아가기 위해 이러한 기술들을 함께 활용하는 방법을 배운다. 불행하게도 다수의 장애 청소년은 자신의 삶에 대해 결정할 수 있는 지원과 기회를 지속적으로 거부 당하고 있다. 교차성을 경험하는 청소년에게는 더 많은 불공평이 나타난다. 다양한 맥락에서 기회와 의미 있는 지원을 창출하는 것은 그래서 중요하며, 반드시 문화 감응적 실제를 활용해야 하는 이유가 여기에 있다. 이 책을 통해 어떻게 SDLMI의 문화적으로 지속적인 실행을 증진할 것인지(6장), 어떻게 통합학급에서(7장), 전환계획에서(8장), 그리고 지역사회와 가상 환경(10장)에서 SDLMI의 실행을 지원할 것인지에 대해 더 배우게 될 것이다.

행동하기

자기결정적인 사람들은 자신과 가족, 지역사회에 중요한 목표를 단지 결정하는 것을 넘어 그 이상을 수행한다. 자기결정적인 사람들은 또한 목표를 위해 행동하고, 목표 달성에 걸림돌이 되는 개인적, 구조적인 장애물을 확인한다. 그들은 자신이 장애물을 헤쳐 나가거나 장애물에 도전할 수 있는 경로를 확인하고, 정기적으로 이러한 경로에 대한 자신의 진전을 평가한다. 자기결정적인 방식으로 행동하는 것은 청소년들이 자신에게서, 그리고 학교와 지역사회에서 변화를 만들도록 이끈다. 행동할 수 있는 기회는 사람들이 자신의 목표를 위해 행동하는 다양한 방법을 인정하고 격려하는 지원적 맥락에서 가장 강력하게 작용한다. 자기관리, 계획, 자기옹호, 문제해결 기술을 포함하여 자기결정적인 방식으로 행동하는 것과 관련된 일련의 핵심 능력과 기술들이 있다. 이들 능력과 기술들 각각을 기르기 위한 기회와 지원은 아동기에서부터 청소년과 성인기에 이르기까지 매우 중요하다.

믿기

마지막 자기결정 행동은 믿기이다. 자신의 자기결정 능력에 대한 믿음은 장애 및 비장애 청소년들이 자신의 능력을 사용하도록 어떻게 지원받고, 결정하고 행동할 기회를 어떻게 제공받느냐에 따라 형성된다. 청소년들은 목표를 결정할 때 지원을 찾게 되는데, 그들이 자신과 지역사회에 의미 있는 목표를 확인하기 위한 과정을 이끌 수 있도록 보장해 주는 것이 중요하다. 만약 이러한 일이 일어나지 않는다면, 청소년들은 행동을 하고자 하는 동기가 유발되지 않을 것이다. 그리고 지원적인 환경 또한 필수적이다. 만약 청소년들이 자신의 결정과 행동이 존중받지 못할 것이라고 느낀다면, 그들은 또한 자기결정 행동을 위한 기회를 찾는 데 동기유발이 되지 않을 수 있다. 결정하기와 행동하기에 부합되는 기술과 능력을 활용하는 것도 중요하지만, 자신의 결정과 행동에 대해 지원받고 있다고 믿는 것 또한 중요하다. 사람들은 자신의 문화적 신념과 자기결정적 행동을 위한 가치를 존중하는 지원적인 맥락에서 결정하고 행동하는 기회를 가질 때, 자신의 자기결정에 대한 믿음이 성장한다. 이것이 [그림 1-1]에서 결정하기, 행동하기, 믿기 간에 상호적 관계를 보여 주는 이유이다. 아동기, 청소년기에서부터 청년기에 이르기까지, 그리고 학교와 지역사회 맥락에 걸쳐 가능한 기회들을 만드는 것은 자기결정의 성장을 돕는다. 자신이 자기결정적인 방식으로 행동할 수 있다고 믿는 사람들은 역량이 강화되고, 동기가 부여되었다고 느낀다. 그들은 또한 자신의 강점과 요구, 학교와 지역사회에 존재하는 촉진 요인과 장애물에 대한 인식을 가지고 있다. 이러한 신념은 그들이 보다 자기결정적인 행동을 취하게 하고, 장애물에 도전하고, 자신의 목표를 향해 한 걸음 나아가도록 역량을 강화한다.

지원과 기회

[그림 1-1]은 자기결정 행동을 가능하게 해 주는 지원과 기회의 역할을 보여 준다. 모든 사람은 결정하기, 행동하기, 믿기를 위한 능력을 기를 수 있는 역량을 가지고 있지만, 이러한 성장은 여러

상황에서 자기결정 행동을 할 수 있는 효과적인 지원과 의미 있는 기회가 있을 때 더 극대화될 것이다. 4장에서는 장애 및 비장애 청소년의 자기결정 능력과 기술이 어느 수준에 있는지 평가하는 방법과 교육자들과 지역사회 리더들이 이 지식을 활용하여 지원과 기회를 창출하는 방법을 강조하며 다룰 것이다.

학교와 지역사회 맥락에서의 주요 지원은 바로 이 장에서 중점적으로 다루고 있는 교수모델인 SDLMI이다. 다음 장들에서는 어떻게 SDLMI가 장애 청소년과 비장애 또래를 대상으로 학교와 지역사회에서 자기결정을 위한 기회와 지원을 구축하기 위해 활용될 수 있는지에 대해 이야기할 것이다. 예를 들어, 5장에서는 어떻게 SDLMI가 다층지원체계 내에서 활용될 수 있을지에 초점을 두고, 7장에서는 어떻게 SDLMI가 장애 학생과 비장애 학생이 통합된 일반학급에서 학습 목표를 설정하기 위해 활용될 수 있는지에 초점을 둔다. 8장에서는 학생이 미래를 위한 목표를 확인하고 이 목표를 달성하기 위해 노력하는 데 참여하도록 하기 위해 장애 학생의 전환계획에 어떻게 SDLMI를 활용할 수 있는지에 초점을 둔다. 10장에서는 어떻게 SDLMI가 지역사회와 가상 환경에서 방과 후에 자기결정 능력과 기술을 함양하기 위해 활용될 수 있는지에 초점을 둔다.

장애 학생과 비장애 학생을 포함한 모든 학생의 목표 달성과 자기결정에 영향을 미치는 자기결정의 힘은 잘 입증되어 있다. 3장에서는 학교와 지역사회 맥락에서 SDLMI의 활용을 지지하는 주요 연구의 발견들 중 일부를 강조할 것이다. 그러나 우선 아래와 같이 자기결정 증진을 위한 노력을 이끌어야 하는 핵심 가치들을 생각해 보자.

1. 자기결정은 모든 사람에게 동일하게 나타나지 않는다. 자기결정의 발달 및 표현은 학생, 가족, 지역사회가 공유하고 있는 기회, 지원, 문화적 가치를 포함한 여러 요인에 의해 형성된다. 자기결정적인 사람들은 그들의 삶에 무엇인가 일어나게 하고 일어나게 하는 원인이 되지만, 그들이 어떻게 그런 일들을 일어나게 하거나 원인이 되는지는 저마다 다를 것이다. 이점이 축하할 만한 일이다! 6장에서는 자기결정 교수를 각 사람들에게 보다 관련 있고 의미 있게 만들기 위해 어떻게 문화적으로 지속가능한 실제를 이용할 수 있을지에 대해 강조한다.
2. 자기결정은 무엇인가를 독립적으로 혹은 혼자서 하는 것과 동일하지 않다. 자기결정적인 사람들은 자신의 삶에 무엇인가 일어나게 하거나 그 원인이 되는 데 필요한 지원과 자원에 접근하고 찾는다. 어떤 사람들은 다른 사람들로부터 많은 지원을 필요로 하고 원하는 반면, 어떤 사람들은 지원을 덜 필요로 하거나 덜 원한다. 어떤 장애 학생들은 자신의 자기결정을 행사하기 위해 구체적이고 개별적인 지원을 필요로 할 것이다. 9장에서는 복합적 의사소통 요구를 가진 청소년을 위한 지원과 기회를 만드는 방법을 강조한다. 그러나 모든 사람이 원인 주체가 될 수 있다는 것을 항상 기억하라. 이

것이 학생의 요구와 가치에 부합하는 올바른 맞춤형 지원을 창출하는 것이다.

3. 자기결정은 생애주기와 모든 상황에 걸쳐 중요하다. 자기결정 증진은 장애 학생과 비장애 학생을 위해 교육과 지역사회 생활 전반에 포함될 수 있고, 포함되어야 한다. 장애 학생은 자신의 자기결정을 발달시키고 표현하기 위해 더 개별화된 지원을 필요로 할 수 있으나, 궁극적으로 자기결정은 모든 학생을 위해 중요하고, 자기결정을 위한 계층적 지원은 모든 청소년이 자신과 가족, 지역사회가 가치 있게 여기는 목표를 세우고 추구하게 할 수 있다. 5장에서는 이에 대해 더 배우게 될 것이다.

또한 **자기결정 이야기**([그림 1-2] 참조)의 Stelios Gragoudas의 관점을 읽어 보자. 그는 자기결정이 장애인의 삶에서 가질 수 있는 진정한 영향력과 어떻게 이것이 교사를 교육하는 그의 직업에 영향을 미쳤는지 강조한다.

저는 Stelios Gragoudas 박사입니다. 저는 대부분의 시간을 특수교사가 어떻게 하면 자신의 학생들의 삶에서 자기결정을 증진시킬 수 있는지 지도하는 데 사용하고 있습니다. 제가 유치원부터 고등학교에 다닐 때 저를 지도했던 대부분의 선생님은 제가 박사학위를 취득하고 자신들처럼 교육자를 양성할 것이라고는 생각하지 않았을 것입니다. 대신 많은 선생님은 저의 장애 때문에 제가 배우고, 또한 지역사회의 일부가 되기 위해 다른 사람들과 동일한 기회를 갖지 못하는 분리된 환경에 배치되어야 한다고 생각했습니다. 만약 저의 가족과 친구들이 없었다면, 제가 필요한 지원을 받기만 하면 저의 삶과 진로에서 원하는 것은 무엇이든 할 수 있다는 비전이나 믿음을 가질 수 있었을지 확신할 수 없습니다.

제가 고등학생일 때, 장애를 가진 저의 좋은 친구들 중 한 명이 장애를 가진다는 것은 계획을 필요로 한다고 말해 주었습니다. 이 말은 항상 제 마음에 남아 있습니다. 장애인은 바로 일어나 친구들과 함께 쇼핑몰에 갈 수 없습니다. 그들은 그것을 반드시 계획해야 합니다. 그들은 교통수단 같은 것이나 쇼핑몰에 있는 동안 필요할 수 있는 지원이 무엇인지를 고려해야만 할 것입니다. 이것은 직업을 위한 계획에서는 더욱 중요합니다. 저는 제가 박사학위를 마쳤을 때 접근이 어려운 고등교육 환경들을 어떻게 탐색할 수 있을지 계획을 세워야 했습니다. 심지어 제 학생들이 장애인에 대한 낮은 기대 때문에 저의 능력에 대해 의문을 제기할 때도 어떻게 효과적으로 과목을 지도할 수 있을지 계획을 세워야 했습니다.

이러한 이유로 저는 제 자신과 모든 장애 학생, 가장 중요하게는 장애 학생을 지원하는 모든 교사를 위해 자기결정에 관심을 갖게 되었습니다. 청소년들은 고등학교를 졸업하기 전에 자기결정 기술을 배우고, 연습하고, 숙달해야 합니다. 그렇지 않다면, 그들은 고등학교 졸업 후 필요로 하는 것이 무엇인지 계획하고 요구하지 못할 것이기 때문에 전환이라는 절벽으로 떨어질 것입니다. 아주 소수의 장애 학생이 저와 같이 박사과정에 진학해서 학위를 받습니다. 그래서 그들은 왜 자기결정과 높은 기대가 모든 학생, 특히 장애 학생에게 중요한지 그 진정한 이유를 미래 교사들에게 교육할 수 있습니다.

저는 공립학교에서 교육을 받으면서 자기결정에 대해 전혀 배운 적이 없었습니다. 저는 고등학교에서부터 성인기로 전환하는 학생들을 위한 자기결정 교육과정을 개발하기 위해 고용되었을 때야 처음으로 자기결정이라는 용어를 들었습니다. 저는 빨리 배워야만 했습니다. 그러나 그 프로젝트를 진행하면서 저는 제가 대학에서 저의 자기결정 기술을 개발했다는 것을 깨달았습니다. 이러한 환경 안에서 저는 학업적으로 성공하기 위해 필요한 조정을 주장해야 했고, 제가 필요한 지역사회 주거 지원을 찾아야 했습니다. 저는 또한 저의 가족과 친구들이 항상 제가 되고 싶은 것이 무엇이든 그렇게 되도록 저를 독려하고, 누구든지 혹은 무엇이든지 저에게 높은 기대를 갖지 않는 것과 싸웠다는 것을 깨달았습니다. 모든 학생은 이와 같은 지원을 받을 자격이 있습니다.

저는 지금 교육과정에 자기결정을 포함할 뿐만 아니라 학생들에게 이러한 기술을 연습할 수 있는 기회를 제공하여 학생들이 자신이 원하고 받을 만한 것들을 추구할 수 있도록 특수교사를 훈련하고 있습니다.

- Dr. Stelios Gragoudas, 자기결정 연구자/교사교육자 -

[그림 1-2] 나의 자기결정 이야기:
자기결정이 중요한 이유와 교사가 할 수 있는 일

참고문헌

Charlton, J. I. (2000). *Nothing about us without us: Disability oppression and empowerment*. University of California Press.

Rowe, D. A., Mazzotti, V. L., Fowler, C. H., Test, D. W., Mitchell, V. J., Clark, K. A., Holzberg, D., Owens, T. L., Rusher, D., Seaman-Tullis, R. L., Gushanas, C. M., Castle, H., Chang, W.

-H., Voggt, A., Kwiatek, S., & Dean, C. (2021). Updating the secondary transition research base: Evidence and research-based practices in functional skills. *Career Development and Transition for Exceptional Individuals, 44*(1), 28–46. https://doi.org/10.1177/2165143420958674

Shogren, K. A., & Raley, S. K. (2022). *Self-determination and causal agency theory: Integrating research into practice*. Springer.

Shogren, K. A., Raley, S. K., Burke, K. M., & Wehmeyer, M. L. (2018). *The Self-Determined Learning Model of Instruction: Teacher's guide*. Kansas University Center on Developmental Disabilities.

Shogren, K. A., Shaw, L. A., & Raley, S. K. (2019). Convergent validity of the Self-Determination Inventory: Student Report. *Journal of Well-Being Assessment, 3*, 39–58. https://doi.org/10.1007/s41543-019-00017-w

Shogren, K. A., Wehmeyer, M. L., & Lane, K. L. (2016). Embedding interventions to promote self-determination within multi-tiered systems of supports. *Exceptionality, 24*(4), 213–224. https://doi.org/10.1080/09362835.2015.1064421

Ward, M. J. (2005). An historical perspective of self-determination in special education: Accomplishments and challenges. *Research and Practice for Persons with Severe Disabilities, 30*(3), 108–112. https://doi.org/10.2511/rpsd.30.3.108

제 2 장

자기결정교수학습모델 (SDLMI)

SDLMI는 사람들에게 목표를 세우고, 장애물과 해결책을 확인하면서 그 목표를 달성하기 위한 계획을 구상하고, 그다음 그 과정을 스스로 평가하도록 하는 방법을 제공합니다. SDLMI의 전반적인 핵심은 모든 목표를 달성하는 것이 아니라(누가 그럴 수 있겠습니까?) 좀 더 자기결정적이 되는 것입니다.

(Ben Edwards, 자기결정 연구자, 자폐인 옹호자)

1장은 장애 분야에서 자기결정의 중요성을 소개하였다. 이 장에서는 **자기결정교수학습모델**(Self-Determined Learning Model of Instruction, SDLMI; Shogren et al., 2018)과 그 핵심 구성요소를 설명하고자 한다. SDLMI는 교사를 포함하여 훈련된 실행자들이 장애 학생과 비장애 학생을 포함한 모든 사람들을 지원하여 목표를 설정하고 이를 달성하기 위해 노력하면서 자신의 학습을 적극적으로 주도할 수 있도록 하기 위해 설계되었다. SDLMI를 활용하면서 학생들은 자신의 목표를 달성하기 위한 계획을 실행하고, 그 과정을 평가하고, 필요에 따라 조정하면서 문제해결에 대해 학습한다. 특정 내용(예: 전환계획, 읽기나 연산 기술)에 초점을 둔 독립적인 교육과정과 달리 SDLMI와 같은 교수모델은 어떤 교육과정 영역에든지 추가되어 적용될 수 있도록 개발되었다. 2장에서는 장애나 비장애 청소년 및 청년이 학업(7장), 전환(8장) 및 지역사회 참여(10장)를 목표로 포함하되, 이에 국한되지 않는 목표를 향해 나아가도록 지원하기 위해 학교와 지역사회 맥락에 걸쳐 SDLMI가 어떻게 활용될 수 있는지 설명할 것이다.

3장에서는 학생의 성과에 대한 SDLMI의 영향에 대해 연구자들이 발견한 것이 무엇인지를 간략히 제시한다. 그러나 지금은 SDLMI가 이 분야에 처음 소개된 이후 연구가 일관되게 다음의 세 가지를 보여 주고 있음을 아는 것이 중요하다. SDLMI는 장애 학생과 비장애 학생이 (a) 교육적으로 관련 있고 개인적으로 가치 있는 목표들을 세우고, (b) 그 목표들을 달성하기 위한 실행 계획을 세우고, (c) 목표를 향한 과정을 평가하고, 필요한 경우에 실행 계획이나 목표를 수정하도록 한다. 다음 절에서는 SDLMI의 세 단계[1단계: 목표 설정(Set a Goal), 2단계: 계획 및 실행(Take Action), 3단계: 목표 또는 계획 수정(Adjust Goal or Plan)], 세 가지 핵심 구성요소[학생 질문(Student Questions), 교사 목표(Teacher Objectives), 교수적 지원(Educatoinal Supports)] 및 SDLMI를 활용할 때 SDLMI 실행자들(예: 교사, 관련 서비스 제공자, 지역사회 구성원)과 학생이 맡은 역할에 대해 설명할 것이다.

SDLMI의 세 단계

SDLMI는 교사를 포함한 훈련된 실행자들이 청소년들이 자기결정을 배우고 성장할 수 있도록 참여를 이끄는 세 단계로 구성되어 있다. SDLMI는 학교 환경에서 이용될 때는 학사 일정에 따라 매 학기에 실행되거나, 또는 지역사회의 경우 여러 달에 걸쳐 실행될 수 있다. 학교에서 매 학기마다, 또는 지역사회에서 매년 SDLMI에 반복적으로 참여함으로써, 청소년들은 자신의 목표를 세우고 이를 달성하기 위해 노력하면서 자기결정 능력을 함양할 수 있는 다수의 기회를 제공받는다. SDLMI의 수업의 빈도와 기간은 상황에 따라 다양할 수 있지만, SDLMI 실행 일정은 일반적으로 정해진 기간 동안 일주일에 2~3회 정도 실시되도록 구조화된다. 이러한 교수는 상황(예: 통합학급, 개별화전환계획 교수, 지역사회 그룹)과 학생들의 요구에 따라 전체 학급, 소그룹 또는 개별교수로 진행할 수 있다. 교사와 다른 실행자들이 SDLMI를 촉진하기 위한 훈련을 받을 때, 그들은 SDLMI의 세 가지 핵심 요소(학생 질문, 교사 목표, 교수적 지원)의 실행에 대한 충실도를 유지하면서 학생들의 요구에 따라 그들의 실행 일정을 맞추는 것을 배운다.

SDLMI 각 단계에는 학생들이 해결하고자 하는 중심 문제가 하나씩 있다. 교사 목표와 교수적 지원은 SDLMI 실행자들이 학생들이 그 문제를 해결할 수 있도록 지원하기 위한 교수를 촉진하도록 안내한다. 1단계에서 SDLMI 실행자는 학생이 '나의 목표는 무엇인가?'라는 문제를 해결하기 위해 목표를 확인하고 설정할 수 있도록 지원한다. 2단계에서 실행자는 학생이 1단계에서 세운 목표를 달성하기 위한 실행 계획을 개발하고, '나의 계획은 무엇인가?'라는 문제를 해결하기 위한 자기점검 과정을 확인할 수 있도록 지원한다. 3단계에서 SDLMI 실행자는 학생이 2단계에서 구상한 실행 계획을 토대로 1단계에서 설정한 목표에 대한 진전을 평가하도록 지원한다. 3단계에서 학생은 '내가 배운 것은 무엇인가?'라는 문제를 해결한다. 이렇게 함으로써, 학생들은 새로운 목표를 세우기 위해 SDLMI 1단계로 돌아가고 싶은지, 현재 목표를 달성했는지, 또는 그들이 배운 것을 토대로 현재 목표를 수정하고 새로운 실행 계획을 구상하고 싶은지를 탐색한다. 학생들은 또한 그들이 미리 설정한 목표를 유지하되 목표에 대한 진전을 더 도모하기 위해 2단계에서 새로운 실행 계획을 개발하는 데 중점을 두길 원하는지를 확인할 수도 있다. 학생들은 SDLMI를 활용하면서, 각 단계(예: 학생 질문)가 순환적으로 활용될 수 있도록 의도되었고, 그들이 한 학기나 한 해를 거치면서 반복적으로 1단계, 2단계, 3단계를 활용하게 될 것이라는 것을 배우게 된다. 이것은 자기결정을 증진하기 위한 기회를 만들고 다양한 목표들을 향한 진전을 이루게 한다.

[그림 2-1]에서 보듯이, SDLMI의 세 단계는 1장에서 소개한 세 가지 자기결정 행동(결정하기, 행동하기, 믿기)과 일치한다. 예를 들어, 1단계에서 학생들은 결정하기와 연계된 능력, 기술, 태도(예: 선택하기, 의사결정, 목표 설정)를 이용하여 배우고 싶은 것을 자신의 강점, 관심사, 선호, 신념을 토대로 확인하고, 측정가능하고 관

찰가능한 구체적인 목표를 설정한다. 따라서 학생을 위한 성장 영역이 결정하기라면, 학생이 1단계를 진행할 때 학생과 교사는 기회와 지원을 강화하기 위한 계획을 세울 수 있다. 결정하기, 행동하기, 믿기에서 확인된 학생의 강점들은 학생이 SDLMI를 활용하여 자신의 목표를 향해 노력하는 과정을 지원할 수 있도록 활용될 수 있고, 활용되어야만 한다.

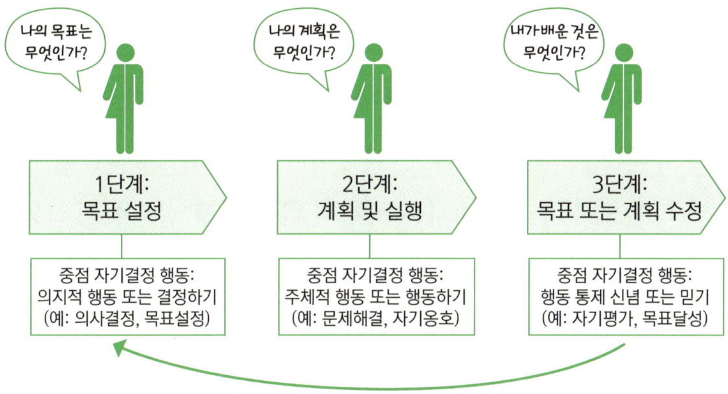

[그림 2-1] 자기결정교수학습모델과 자기결정 행동의 연계

Shogren et al. (2018)에서 수정. Copyright 2022 Kansas University Center on Developmental Disabilities.

SDLMI 핵심 구성요소

[그림 2-2]는 SDLMI 각 단계에서의 핵심 구성요소인 학생 질문, 교사 목표, 교수적 지원을 강조한다. 훈련된 SDLMI 실행자로부터 지원을 받으며 학생들은 각 단계별로 일련의 4가지 **학생 질**

문(Student Questions, 세 단계에 걸쳐 총 12가지 질문)에 대답함으로써 각 단계의 중심 문제를 해결하도록 지원을 받는다. 이것은 학생들이 자신이 있는 곳(예: 목표관련 요구나 관심이 충족되지 않은 곳)에서부터 그들이 있고 싶은 곳(예: 그들의 목표관련 요구와 관심이 충족된 곳)으로 이동할 수 있도록 지원한다. 학생 질문은 1인칭 관점에서 진술되는데(예: **내가** 배우고 싶은 것은 무엇인가? **내가** 계획을 실행하는 데 방해가 될 수 있는 것은 무엇인가?) 이는 학생 자신의 관점에서 학생이 답변하는 것을 의미한다. 학생의 지원 요구와 목표 설정 및 달성에 대한 이전 경험에 따라 학생들이 각 학생 질문에 답하는 데 걸리는 시간은 다양하다. SDLMI 실행자들의 역할 중 하나인 교수자로서 교사는 학생이 다음 학생 질문으로 이동하기 전에 각 학생 질문에 답할 수 있도록 지원하면서 학생의 요구에 맞추어 교수해야만 한다. 여기에는 추가적이고 보다 집중적인 교수적 지원이 필요하다. 여기에는 또한 학생의 요구를 기반으로 학생 질문의 의도를 보다 명확하게 소통할 수 있도록 질문을 재진술하는 것도 포함된다. 모든 학생이 12가지 학생 질문을 이해하고 대답하도록 지원하기 위해, 학생들이 각 학생 질문에 대해 더 잘 생각할 수 있도록 추가적인 방법을 제공하는 대체 표현이 개발되었다([그림 2-3] 참조).

자기결정교수학습모델
1단계: 목표 설정
학생이 해결해야 할 중심 문제: 나의 목표는 무엇인가?

학생 질문	교사 목표 주요 교수적 지원*
1. 내가 배우고 싶은 것은 무엇인가?	1a. 학생이 구체적인 강점과 교수적 요구를 확인할 수 있도록 한다. *학생의 관심사, 능력 및 교수적 요구에 대한 자기평가 1b. 학생이 선호, 관심사, 신념 및 가치에 대해 의사소통할 수 있도록 한다. *의사소통 교수 1c. 학생이 요구들에 대한 우선순위를 정할 수 있도록 한다. *의사결정 교수, 문제해결 교수
2. 그것에 대해 지금 내가 알고 있는 것은 무엇인가?	2a. 학생이 교수적 요구와 관련하여 자신의 현재 상태를 확인할 수 있도록 한다. *문제해결 교수, 의사결정 교수 2b. 학생이 자신의 환경에서 기회와 장애물에 대한 정보를 수집할 수 있도록 한다. *인식 교수, 자기옹호 교수
3. 내가 모르는 것을 배우기 위해 무엇이 변해야 하는가?	3a. 학생이 계획 실행의 초점을 역량 강화, 환경 수정 또는 둘 다에 둘 것인지 결정할 수 있도록 한다. *의사결정 교수, 문제해결 교수 3b. 학생이 우선순위 목록에서 다루어야 할 요구를 한 가지 선택할 수 있도록 한다. *선택하기 교수
4. 이것을 이루기 위해 내가 할 수 있는 것은 무엇인가?	4a. 학생이 목표를 진술하고 목표 달성을 위한 기준을 확인할 수 있도록 한다. *목표설정 교수

2단계로 이동

[그림 2-2] SDLMI 단계 흐름도(계속)

자기결정교수학습모델
2단계: 계획 및 실행
학생이 해결해야 할 중심 문제: 나의 계획은 무엇인가?

학생 질문	교사 목표 주요 교수적 지원*
5. 모르는 것을 배우기 위해 내가 할 수 있는 것은 무엇인가?	5a. 학생이 자신의 현재 상태와 자신이 확인한 목표 상태를 스스로 평가할 수 있도록 한다. *목표달성 교수
6. 내가 계획을 실행하는 데 방해가 될 수 있는 것은 무엇인가?	6a. 학생이 자신이 평가한 현재 상태와 자신이 설정한 목표 상태 간의 격차를 메우기 위해 실행 계획을 결정할 수 있도록 한다. *목표달성 교수, 자기관리 교수
7. 이러한 장애물을 제거하기 위해 내가 할 수 있는 것은 무엇인가?	7a. 적절한 교수 전략을 확인하도록 학생과 협력한다. *의사소통 교수 7b. 필요한 학생주도 학습 전략을 학생에게 지도한다. *선행단서 조절 교수 7c. 학생주도 학습 전략을 실행할 수 있도록 학생을 지원한다. *자기교수, 자기일정 계획 교수 7d. 서로 합의한 교사주도 교수를 제공한다.
8. 나는 언제 계획을 실행할 것인가?	8a. 학생이 실행 계획을 위한 일정을 결정할 수 있도록 한다. *자기일정 계획 교수 8b. 학생이 실행 계획을 실시할 수 있도록 한다. *자기교수 8c. 학생이 자신의 진전을 스스로 점검할 수 있도록 한다. *자기점검 교수

3단계로 이동 →

[그림 2-2] SDLMI 단계 흐름도(계속)

자기결정교수학습모델
3단계: 목표 또는 계획 수정
학생이 해결해야 할 중심 문제: 내가 배운 것은 무엇인가?

학생 질문	교사 목표 주요 교수적 지원*
9. 내가 실행한 계획은 무엇인가?	9a. 학생이 목표 달성을 향한 진전을 스스로 평가하도록 한다. *자기평가 교수, 자기기록 교수
10. 어떤 장애물이 제거 되었는가?	10a. 자신의 진전과 바라던 성과를 비교하도록 학생과 협력한다. *자기점검 교수, 자기평가 교수
11. 내가 모르던 것에 대해 어떤 변화가 있었는가?	11a. 진전이 불충분할 경우, 목표를 재평가하도록 학생을 지원한다. *목표달성 교수 11b. 목표를 동일하게 그대로 둘지, 변경할지 결정하도록 학생을 돕는다. *의사결정 교수 11c. 수정되거나 유지된 목표에 대해 실행 계획이 적절한지 또는 부적절한지 확인하도록 학생과 협력한다. *자기평가 교육 11d. 우선순위 목록에서 학생이 다루어야 할 요구를 한 가지 선택할 수 있도록 한다. *선택하기 교수
12. 내가 알고 싶었던 것을 알게 되었는가?	12a. 학생의 진전이 적절한지, 부적절한지 또는 목표가 달성되었는지를 학생이 결정할 수 있도록 한다. *자기평가 교수, 자기강화 교수

[그림 2-2] **SDLMI 단계 흐름도**

학생 질문에 대한 대체 표현

1단계 학생 질문	대체 표현
1. 내가 배우고 싶은 것은 무엇인가?	• 내가 하고 싶은 것은 무엇인가? • 내가 알고 싶은 것은 무엇인가? • 내가 세우고 싶은 목표는 무엇인가?
2. 그것에 대해 지금 내가 알고 있는 것은 무엇인가?	• 그것에 대해 내가 다른 사람에게 말할 수 있는 것은 무엇인가?
3. 내가 모르는 것을 배우기 위해 무엇이 변해야 하는가?	• 내가 변해야 할 필요가 있는가? • 내가 다른 것을 바꿔 보려고 해야 하는가?
4. 이것을 이루기 위해 내가 할 수 있는 것은 무엇인가?	• 이러한 변화를 만들기 위해 내가 할 수 있는 것은 무엇인가?
2단계 학생 질문	**대체 표현**
5. 모르는 것을 배우기 위해 내가 할 수 있는 것은 무엇인가?	• 나는 어디서부터 시작해야 하는가? • 첫 단계는 무엇인가?
6. 내가 계획을 실행하는 데 방해가 될 수 있는 것은 무엇인가?	• 내게 방해가 되는 것은 무엇인가? • 나를 막고 있는 것은 무엇인가?
7. 이러한 장애물을 제거하기 위해 내가 할 수 있는 것은 무엇인가?	• 내가 어떻게 이러한 장애물을 제거할 수 있는가? • 내가 어떻게 문제를 해결할 수 있는가? • 이러한 문제를 제거하기 위해 내가 무엇을 할 수 있는가? • 내가 어떻게 그것을 고칠 수 있는가?
8. 나는 언제 계획을 실행할 것인가?	• 나는 언제 시작해야 하는가? • 나는 언제 시작할 것인가?
3단계 학생 질문	**대체 표현**
9. 내가 실행한 계획은 무엇인가?	• 나는 무엇을 했는가? • 결과는 어떠한가? • 내 계획은 효과적인가?
10. 어떤 장애물이 제거되었는가?	• 어떤 문제가 제거되었는가? • 나는 어떤 문제를 해결했는가?
11. 내가 모르던 것에 대해 어떤 변화가 있었는가?	• 내가 배운 것은 무엇인가? • 나는 어떤 진전을 이루었는가? • 내 상황에서 무엇이 바뀌었는가?
12. 내가 알고 싶었던 것을 알게 되었는가?	• 나는 내가 배우고 싶었던 것을 배웠는가? • 나는 목표를 달성했는가?

[그림 2-3] **학생 질문 대체 표현**

각 학생 질문은 **교사 목표**(Teachr Objectives)와 연관되어 있는데, 이것은 SDLMI 실행자가 학생이 해당 학생 질문에 답하도록 지원하기 위해 무엇을 해야하는 지에 대한 '로드맵'을 제공한다. 예를 들어, 학생 질문 5(모르는 것을 배우기 위해 내가 할 수 있는 것은 무엇인가?)에 답하도록 학생을 지원하기 위해, 연관된 교사 목표(5a)는 학생이 자신의 현재 상태와 자신이 확인한 목표 상태를 스스로 평가할 수 있도록 하는 것이다. 그래서 교사 목표는 학생이 SDLMI를 진행해 나갈 수 있도록 지원하기 위해 실행자들이 무엇을 해야 할지를 말해 준다. 마지막으로 교사 목표를 충족하기 위해, SDLMI 실행자는 **교수적 지원**(Educational Supports) (예: 목표설정 교수, 자기관리 교수)을 활용하여 학생이 학생 질문에 답하고 학습을 스스로 주도하는 데 필요한 능력과 기술을 배울 수 있도록 한다. 예를 들어, 통합된 일반교육 환경에서 SDLMI가 실행될 때, 1단계(목표 설정)에서 SDLMI 실행자들은 목표설정 교수와 관련된 교수적 지원을 활용하여 학생이 목표를 진술하고 목표 달성을 위한 기준을 확인할 수 있도록 하는 교사 목표 4a(학생 질문 4와 연관: 이것을 이루기 위해 내가 할 수 있는 것은 무엇인가?)를 충족한다.

각 교사 목표와 연관된 주요 교수적 지원이 있지만([그림 2-2] 참조), 훈련된 SDLMI 실행자들은 해당 교사 목표를 달성하기 위해 중요하다면 어떠한 교수적 지원이든 제공할 수 있다. 일례로, 교사 목표 3b(학생이 우선순위 목록에서 다루어야 할 요구를 한 가지 선택할 수 있도록 한다)를 위해 확인된 주요 교수적 지원은 선택하기 교수 또는 학생이 자신의 선호에 기반하여 두 가지 혹은 그 이상의 옵션으로부터 선택하도록 지원하는 것이다. 어떤 경우에는 SDLMI 실행자가 학생의 의사소통 지원 요구에 따라 의사소통 교수를 제공해야 할 수도 있다. 예를 들어, 촉진자는 학생이 자신이 선호하는 의사소통 방법(예: 시선을 통해 우선순위 영역을 확인, 보완대체의사소통을 이용한 우선순위 영역 선택)을 이용하여 여러 옵션 중에서 선택하도록 지원할 수 있다. 복합적 의사소통 요구를 가진 학생의 역량 강화를 위한 다른 전략들은 9장에서 제공된다.

SDLMI의 학생 및 실행자 역할

학생들과 교사들이 SDLMI를 이용할 때, 그들은 학급에서의 전형적인 학생과 교사의 역할과는 종종 다른 다양한 역할을 맡는다. 궁극적인 목표는 SDLMI 교사 실행자와 학생이 자기결정 행동을 위한 지원과 자원을 확인하고 개발할 때, SDLMI 각 단계 동안 파트너십을 가지고 행동하는 것이다. 또한 이 과정은 학생의 지원 체계의 일부인 가족 구성원이나 지역사회 구성원을 자연스럽게 끌어들일 수 있는 기회가 될 수 있다. 이러한 방식으로 SDLMI는 교사주도적인 교수의 전통적인 모델을 뒤집고 학생이 그들이 필요하다고 확인한 지원을 받으면서 자신의 목표를 향한 진보를 스스로 주도할 수 있도록 역량을 강화한다. 이것은 SDLMI가 1장에서 강조한 "우리 없이 우리에 대한 것은 없다(Nothing About Us Without Us)"라는 장애인 공동체의 구호를 어떻게 발전시키고자 하는지 보여 준다.

학생들이 SDLMI를 처음 활용하기 시작할 때, 그들은 자기주도적 학습자, 능동적 학습자, 자기옹호자라는 3가지 역할을 배우게 된다. 자기주도적 학습자로서, 학생들은 자신의 목표를 향한 진전을 스스로 주도한다. SDLMI 과정을 자기주도한다는 것은 세 단계를 독립적으로 수행한다는 것과는 다르다는 점을 인지하는 것이 중요하다. 우리 모두는 목표를 향한 진전을 위해 지원이 필요하다. SDLMI 실행자들은 학생이 목표 설정과 달성 과정에 적극적으로 참여하고, 이를 위해 장애물을 헤쳐 나가기 위한 지원을 포함하여 필요한 지원을 찾고 보완할 수 있도록 한다. 이를 통해 학생들은 그 과정을 주도하되, 여전히 그들이 삶에서 필요하고 원하는 모든 지원에 접근한다. 능동적 학습자로서, 학생들은 SDLMI 실행자와 그들의 지원 네트워크의 다른 구성원들과 협력하며 행동한다. 학생들은 그들 자신의 학습을 진전시키고 자신이 마주하는 어려움을 헤쳐나가는 데 적극적인 역할을 하도록 동기가 부여된다. 마지막으로 자기옹호자로서 학생들은 SDLMI를 이용하여 목표를 설정하고 이를 위해 노력하는 동안 자신의 관심사, 선호, 신념, 가치에 대해 소통한다. 학생들은 필요한 개인적, 구조적 변화들을 확인하고, 이러한 변화를 옹호하는 능력을 함양한다.

SDLMI를 실행하고 있는 교사들은 또한 3가지 뚜렷한 SDLMI 역할인 촉진자, 교수자, 옹호자를 맡는다. 촉진자로서 SDLMI 실행자들은 교사 목표와 교수적 지원을 활용함으로써 학생들이 성공할 수 있도록 하기 위해 필요한 모든 것을 하며, 학생들이 자기결정 행동을 통해 성장하고 발전하도록 한다. SDLMI 촉진자가 된다는 것은 교사가 모든 학생이 SDLMI를 통해 자신이 세운 모든 목표를 달성하는 것을 확실히 하도록 책임을 지는 것을 의미하지 않는다. 이 장의 시작에서 Ben이 강조했던 것처럼 우리는 자신이 달성하지 못하는 목표를 설정하고 이를 위해 노력한다. 대신, SDLMI 실행자들은 학생에게 SDLMI를 통해 배울 수 있는 모든 기회를 제공하고, 이를 통해 학생들은 자기결정을 증진한다. SDLMI 실행자들은 또한 학생이 12가지 학생 질문에 답하도록 교수를 제공하고 교사 목표에서 확인된 활동을 완성한다는 점에서 교수자이기도 하다. 마지막으로 SDLMI 실행자들은 옹호자이다. 왜냐하면 그들이 환경에서 장애물 제거를 주장하고 학생들이 자신의 자기결정 능력에 대한 신념을 가지고 목표를 달성하고 성장해 가도록 그들과 함께 노력함으로써 학생을 지속적으로 지원하기 때문이다.

SDLMI의 세 단계(1단계: 목표 설정, 2단계: 계획 및 실행, 3단계: 목표 또는 계획 수정), SDLMI의 세 가지 핵심 구성요소(학생 질문, 교사 목표, 교수적 지원), SDLMI를 활용할 때 실행자와 학생이 취해야 할 역할에 대한 기본적인 이해를 토대로, 이후 장들에서는 어떻게 SDLMI가 여러 상황(예: 8장의 전환계획, 10장의 지역사회)에서 유연하게 활용될 수 있는지 강조할 것이다. 이 장에서 설명한 SDLMI의 핵심적인 특성(세 단계, 세 가지 핵심 구성요소, SDLMI 실행자와 학생 역할)은 **모든** 학생이 자신의 삶에서 가치 있게 여기는 목표들을 설정하고 이를 위해 노력하는 과정을 지원하도록 체계적인 틀을 제공하기 위해 이후 장들에서 일관되게 유지된다.

참고문헌

Hagiwara, M., Shogren, K., & Leko, M. (2017). Reviewing research on the Self-Determined Learning Model of Instruction: Mapping the terrain and charting a course to promote adoption and use. *Advances in Neurodevelopmental Disorders, 1*, 3–13. https://doi.org/10.1007/s41252-017-0007-7

Shogren, K. A., Raley, S. K., Burke, K. M., & Wehmeyer, M. L. (2018). *The Self-Determined Learning Model of Instruction: Teacher's guide*. Kansas University Center on Developmental Disabilities.

Wehmeyer, M. L., Palmer, S. B., Agran, M., Mithaug, D. E., & Martin, J. E. (2000). Promoting causal agency: The Self-Determined Learning Model of Instruction. *Exceptional Children, 66*(4), 439–453. https://doi.org/10.1177/001440290006600401

제 3 장

SDLMI에 대한 연구

교수에서 중요한 것은 학습을 위한 '도구'를 제공하는 것이고, 이를 통해 학생들은 그들이 배운 것을 쉽게 활용하고 전이할 수 있습니다. 저는 제 교실에서 장애 학생과 비장애 학생 모두에게 효과적이라고 확신하는 방법을 실천하고 싶습니다. 특히 학생들이 제 교실을 떠난 이후에도 자신들의 삶을 향해 나아갈 수 있는 기술을 지도하고 싶습니다. SDLMI는 제가 그렇게 할 수 있도록 도와줍니다.

(Julianne Huner, 조기개입 및 전환 전문가)

1장에서 여러분은 장애 및 특수교육 분야에서의 자기결정과 그 역사에 대해서 배웠다. 2장에서는 장애 학생과 비장애 학생이 자기결정을 발달시킬 수 있도록 이들을 지원하기 위한 증거기반의 실제인, 자기결정교수학습모델(SDLMI)에 대해서 학습했다. 2부에서는 학생들이 학업, 전환 그리고 다른 중요한 목표를 향해 노력하는 과정에서 어떻게 **모든** 학생을 지원하기 위해 SDLMI를 활용할 수 있을지에 대해 배우게 될 것이다. 그러나 SDLMI를 여러분의 교수에 어떻게 적용할지 배우기 전에 왜 SDLMI가 여러분의 제한된 교수 시간과 자원에 대한 가치 있는 투자인지를 이해하는 것이 중요하다. 특수교사인 Julianne Hunter가 이 장의 서두에 언급했던 것처럼 학급 안팎에서 학생을 위해 효과적이고 이미 알려진 혜택이 있는 '도구(handles)'나 교수적 실제를 찾는 것은 매우 중요하다. SDLMI는 이 두 가지 모두를 수행한다는 것을 시사하는 방대한 연구가 있으며, 교사들은 일상적인 교수 상황에서 장애 학생과 비장애 학생을 포함하는 **모든** 학생에게 유익을 주기 위해 SDLMI를 활용하는 것을 배울 수 있다(Hagiwara et al., 2017).

SDLMI는 2000년대 초에 특수교육 문헌에 처음으로 소개되었다. Wehmeyer와 동료들(2000)은 40명의 지적장애, 학습장애, 정서행동장애 고등학생을 대상으로 한 연구결과를 보고했다. 그들은 SDLMI를 이용하여 학습한 학생들이 교육목표에서 더 큰 진전을 보였고, 자기결정이 강화되었다는 것을 발견했다. 그리고 지난 20년 동안 거의 30여 개의 추가적인 연구들이 SDLMI가 특수교육 및 일반교육 상황에서뿐만 아니라 대집단, 소집단, 일대일 교수 상황에서 비장애 학생과 다양한 장애를 가진 학생에게 영향을 미쳤다는 것을 보여 주었다. SDLMI는 학생들이 학업목표(예: 나는 영어 성적을 향상하길 원한다), 전환목표(예: 나는 고등학교 졸업 후에 가고 싶은 대학을 찾고 싶다), 사회적 목표(예: 나는 지역사회에서 내가 할 수 있는 스포츠가 무엇인지 알고 싶다)를 설정하도록 지원하는 데 활용되어 왔다.

현 시점에서 SDLMI가 학생들이 학교에 있는 동안 학생의 긍정적인 성과를 이끈다는 점에 대해서는 의문의 여지가 없으며, 여기에는 학생의 자기결정 강화(Raley et al., 2021; Shogren et al., 2019;

Wehmeyer et al., 2012), 장애 학생의 일반교육과정 접근(Agran et al., 2001; Kelly & Shogren, 2014; Lee et al., 2008; Shogren et al., 2012), 학업 및 전환 관련 목표 달성(Shogren et al., 2019; Shogren et al., 2012)이 포함된다. 또한 장애 학생이 고등학교를 졸업할 때, 자기결정 수준이 더 높은 장애 학생의 경우 보다 긍정적인 졸업 후 성과를 가지는데(Petcu et al., 2017; Shogren & Shaw, 2016; Shogren et al., 2015), 여기에는 고용 증진, 지역사회 참여, 대학 등록 및 유지가 포함된다.

이 증거는 매우 설득력이 있어서 SDLMI는 교사들이 전환 과정에서 사용해야 하는 증거기반 실제로 확인되었다(National Technical Assistance Center on Transiton, 2017; Rowe et al., 2021). 또한 SDLMI가 일반교사와 특수교사가 자기결정을 지원하기 위해 함께 일하는 통합된 일반학급(통합학급)에서 공부하고 있는 장애 학생과 비장애 학생의 성과에 영향을 미쳤다는 새로운 증거도 나타나고 있다(Raley et al., 2018, 2020, 2021; Shogren et al., 2021). 더 어린 학생들을 대상으로 한 SDLMI 실행(예: Palmer & Wehmeyer, 2003) 및 지역사회기반 환경(예: Shogren et al., 2017)에서의 실행에 대한 증거도 있다. 다음 절에서, 우리는 교사들이 SDLMI를 어떻게 활용할 수 있는지, 그리고 왜 이 방법이 모든 학습 영역에서 학생들을 지원하는 데 강력한 정당성을 제공하는지에 대해 알 수 있는 주요 연구결과들을 제시하고자 한다. SDLMI와 같은 중재에 대한 정보는 교사들에게 효과적으로 전해지고, 교사의 실행 경험들은 연구자에게 전해져서 상호적인 연구와 실천, 그리고 실천과 연구의 순환 고리를 만드는 것이 중요하다. 그제서야 교사와 연구자들은 학생 성과에 대해 SDLMI와 같은 중재의 영향을 이해하고, 이를 토대로 의사결정을 위한 역량이 강화될 수 있다. 학생들과 함께하는 교육자로서, Julianne Hunter가 자기결정 연구와 SDLMI 훈련에서 얻은 정보를 활용하여 학생들의 생애 전반에 걸쳐 자신의 교수 실제를 어떻게 이끌어 가는지 그녀의 **자기결정 이야기**에서 확인해 보라([그림 3-1] 참조).

저는 특수교사로서 생애 여러 주기에 걸쳐 학생들을 지원해 왔습니다. 그러나 제가 하는 지원의 중요한 초점은 자기결정에 있습니다. 또한 자기결정을 가장 효과적으로 증진할 수 있는 방법에 대한 연구가 항상 저를 이끌어 왔습니다. 제가 조기개입 전문가로서 일을 할 때, 저는 가능하면 일찍 자기결정 증진을 시작하는 것이 중요하다고 느꼈습니다. 제가 SDLMI 실행을 위한 훈련을 받고 자격증을 취득했을 때, 저는 아동들과 가족이 삶의 주기에 걸쳐 자기결정을 학습하고 적용하도록 지도할 수 있는 기술과 능력을 갖게 되었습니다. 영유아에게 자기조절, 문제해결, 자신의 필요와 요구에 대한 의사소통, 자신의 삶에 영향을 미치는 선택하기를 지도하는 것은 오랜 기간 그들이 더 자기결정적이 되는 데 도움이 되었습니다. 이 조기개입 모델은 자기결정에 대한 기초적인 지식을 형성하는 것과 결합되어 아동의 가장 처음 학교로의 성공적인 전환을 강화시킵니다.

유치원에서부터 12학년 담당 교사로서, 저는 학생들의 목소리가 존중되는 교실 문화를 조성하는 것을 목표로 삼았습니다. 학생들에게 그들이 사회에서 경험할 수 있는 장애물을 통해 자기옹호, 선택하기, 문제해결을 위한 전략을 지도하는 것은 학생들이 교실에서 성인 및 또래와의 일상적인 상호작용을 하도록 도울 뿐만 아니라 교실을 넘어 세상으로 나가도록 그들을 준비시킵니다. 위험 감수가 장려되는 교실 환경에서 저의 지원을 받으며 자기옹호와 자기결정을 연습하는 것은 좀 더 학생중심의 접근으로 초점을 전환시켰으며, 동시에 교실 안팎에서 각 학생이 성공하는 데 필요한 능력과 자기효능감을 형성했습니다.

전환 전문가로서 저의 초점은 학생의 선호, 강점, 관심사를 교육, 고용, 지역사회 참여를 위한 장기적인 목표에 일치시키는 것입니다. 저는 학생의 삶과 미래에 대한 모든 의사결정에 학생이 참여하는 데 우선순위를 두어야 한다고 믿으며, 연구 기반의 SDLMI 실행 전략을 사용합니다. 종종 저는 가족과 양육자가 너무 오랫동안 학생을 대신하여 옹호자의 역할을 수행해 왔고, 그래서 그들이 자신의 책임을 자신의 자녀에게 이양하기 위한 지원을 받을 필요가 있다는 것을 발견합니다. 만약 우리가 교육자로서 의도적으로 계획을 세우기 위해 노력하고 가족과 협력한다면, 우리는 가족과 파트너십을 토대로 학생이 자신의 미래에 대해 의사결정을 하고, 자신의 개별화교육프로그램(IEP) 회의, 단기 및 장기 목표, 전환계획, 편의 제공 및 자연적 지원, 필요에 따라 지원의사결정에 대해 가치 있는 의견을 제공할 수 있도록 의미 있는 방식을 만들어 낼 수 있습니다. SDLMI를 훈련받은 교육자로서 SDLMI 수업과 실행 개요는 매우 사용자 친화적이며, 제가 학생들에게 충실히 수업을 전달하게 해 주고, 학생을 위한 계획이 아니라 그들과 함께 계획을 세우는 것을 용이하게 해 주기 때문에 학생의 학교 졸업 이후 성과에 상당히 긍정적인 영향을 미치는 결과를 가져옵니다. 이것이 연구를 실천에 옮기는 것입니다.

- Julianne Hunter, 조기개입 및 전환 전문가 -

[그림 3-1] 나의 SDLMI 이야기: 나의 교수 실제를 이끌기 위해 자기결정 연구 활용하기

전환계획

SDLMI는 전환계획에 참여하는 중등 장애 학생의 자기결정과 학교 졸업 이후 성과(예: 경쟁고용, 지역사회참여, National Technical Assistance Center on Transition, 2017)를 강화하기 위한 증거기반 실제로 확증되었다. 지적장애, 학습장애, 그 외 기타 장애 관련 지원 요구를 가진 학생들의 전환성과에 대한 SDLMI의 긍정적인 영향을 제시하는 여러 대규모 연구가 있다. 예를 들어, Wehmeyer와 동료들(2012)은 312명의 학습장애 및 지적장애 학생과 교사들을 대상으로 연구를 진행하였다. 이들 학생과 교사 중 절반은 SDLMI를 활용했고, 나머지 반은 전일제 학급 또는 자료실에서 전형적인 전환계획 교수를 받았다. 교사들이 SDLMI를 활용했을 때, 학생들은 2년에 걸쳐 자기결정에 있어 더 많은 성장을 보여 주었다. 또한 Shogren과 동료들(2012)은 전형적인 전환계획 교수를 지속한 학생들에 비해 지적장애 학생들이 유의하게 더 많은 전환목표를 달성했고, 학습장애 학생들이 유의하게 더 많은 학업목표 달성을 보여 주었음을 발견하였다. 아울러 학생들이 고등학교를 졸업할 때 SDLMI를 학습한 경우, 그들은 경쟁 고용환경에 취업하거나 2년 후 지역사회에 참여할 가능성이 더 높은 것으로 나타났다(Shogren et al., 2015).

좀 더 최근에 Shogren과 동료들은 고등학교 졸업 이후의 목표를 설정하고, 경쟁 또는 통합 고용 옵션을 탐색하기 위한 학생의 기회를 강화하기 위해 지적장애 학생들과 일대일 또는 소그룹으로 전환교육을 진행하는 동안 SDLMI를 활용하도록 하는 데 초점을 두었다(Shogren et al., 2019). 17개의 학군과 거의 250여 명의 지적장애 학생, 그들의 교사를 대상으로 한 일련의 연구들은 교사들이 SDLMI를 충실하게 실행할 수 있고, 그렇게 할 때 학생들에게 더 나은 성과가 나타나는 것을 발견했다(Shogren, Burke, et al., 2020). 이것은 심지어 교사들이 SDLMI와 함께 성인기로의 전환기 동안 학생들이 선택할 수 있는 옵션을 더 많이 학습할 수 있도록 하는 다른 더 집중적인 전환계획 교육과정을 결합해 적용하였을 때도 마찬가지였다. 나아가, 교사들이 SDLMI와 다른 전환중심 교육과정을 결합하여 적용했을 때, 지적장애 학생들이 집중적인 교수 및 지원을 받지 않은 학생들에 비해 2년 후 유의하게 더 증진된 자기결정을 나타냈다(Shogren, Hicks, et al., 2021). 이는 SDLMI를 교수에 통합하는 것의 효과와 지적장애 학생들, 특히 SDLMI 교수에 접근하기 위해 맞춤형 지원을 필요로 하는 집중적인 지원 요구를 가진 학생들에게 SDLMI를 적용하는 것의 가능성을 보여준다(Shogren et al., 2018).

이 연구들을 실행하는 과정을 통해 배운 중요한 한 가지는 SDLMI를 적용하는 교사들을 위한 질 높은 훈련과 지속적인 코칭의 중요성이다(Hagiwara et al., 2020). 교사들은 SDLMI를 효과적으로 실행하기 위해 훈련을 필요로 하고 실행과정에서 발생하는 도전을 다루기 위한 지속적인 코칭으로부터 유익을 얻는다. 코칭의 중요성은 연구자들에 의해 강조되어 왔다. 예를 들어, 일련의 연구에서는 일반교사와 특수교사가 장애 학생과 비장애 학생에게 SDLMI를 실행하도록 하기 위해 코칭과 다른 실행 지원을 이용하는데 초점을 두었다. 예를 들어, 600명 이상의 장애 학생과 비장애 학생을 대상으로 한 대규모 프로젝트에서 학생들은 교사들이 SDLMI를 실행하기 위한 코칭을 받았을 때 더 많은 목표를 달성했다고 보고했다(Shogren, Hicks, et al., 2021).

통합학급

중등 통합학급(장애 학생이 통합된 일반학급)에서 SDLMI를 진행한 첫 번째 연구는 수학 시간에 이루어졌다. Raley 등(2018)은 일반교사와 전에 특수교사였던 박사과정생이 한 학기에 걸쳐(대략 16주) 2개의 통합학급의 대수 I 수업에서 34명의 학생을 대상으로 어떻게 SDLMI를 실행했는지 보고하였다. 학생들은 자신의 학습을 스스로 조정하는 것과 관련된 목표를 확인하는 데 집중했다(예: 수학학습과 관련한 조정을 요청하기, 공부와 과제 완수를 위한 시간 및 지원을 계획하기). 한 학기 후, 학생의 90% 이상이 자신이 선택한 목표에 대해 기대수준 또는 기대수준 이상에서 목표를 달성하였다. 나아가, 포커스그룹 면담자료는 학생들이 자신의 진전에 대해 다음과 같이 긍정적으로 느끼고 있음을 드러냈다. "저는 제가 향상되었다는 것이 자랑스러워요." "그것은 효과적이었어요. 왜냐하면 제 성적이 올랐기 때문이에요." 참여한 수학교과 일반교사는 다음 학기에 대수 II, 미적분 준비, 그리고 AP 미적분을 포함한 6개 수학 학급에 걸쳐 81명의 장애 학생 및 비장애 학생을 대상으로 SDLMI 실행을 지속하고 확장할 것을 결심했다(Raley et al., 2021). SDLMI에 참여한 대부분의 학생들은 기대수준의 목표 달성을 보여 주었고, 수학 관련 목표에서 기대수준 이상의 목표 달성을 보여 준 학생들은 자기결정에서 보다 큰 성장을 나타냈다.

대규모 프로젝트가 현재 통합된 수학, 과학, 영어 수업을 목표로 진행 중이다. Raley 등(2021)은 17명의 일반교사와 특수교사가 2개 주의 6개 학교에서 9학년 핵심 내용 교과 수업시간에 SDLMI를 실행했을 때, 992명 이상의 장애 학생 및 비장애 학생을 대상으로 자기결정에 대한 SDLMI의 영향을 조사했다. 그 성과로 첫해 동안 모든 학생의 전반적인 자기결정에 일관된 변화가 나타났다(Raley et al., 2021). Shogren, Hicks 등(2021)은 647명의 장애 학생 및 비장애 학생을 대상으로 목표 달성에 대한 학생과 교사 간 점수의 관계를 조사하여 장애 학생과 비장애 학생이 자신의 학업 목표를 설정하고 평가할 수 있다는 것과 목표 달성에 대한 학생과 교사의 점수가 상당 수준 일치한다는 것을 발견했다.

그러나 연구자들은 또한 학생의 장애 유형과 인종/민족에 따라 자기결정 성과에 차이가 있다는 것도 발견했다. 이것은 공평한 자기결정 성과의 증진을 위해 해결해야 할 구조적 장벽이 있다는 것을 강조한다. **모든** 학생을 위한 높은 기대, 자기결정 교수에 있어 장애와 문화적 정의의 통합, 목표 설정에 대해 강점기반 접근을 발전시키고 장애, 인종 및 문화적으로 소외된 청년들의 목소리를 중심으로 문화감응교수(culturally responsive teaching) 실제를 활용하는 것이 필요하다(역자 주: 문화감응교수란 학생들의 문화적 배경을 존중하고 교수·학습 과정에 반영하여 학습참여를 촉진하고, 교육의 형평성을 높이는 교수 접근을 의미함)(Shogren, Pace, et al., 2022; Shogren, Scott, et al., 2021).

지역사회기반 실행

SDLMI 연구와 실제에서 새로 부각되고 있는 방향은 학교기반 서비스와 지원을 강화하기 위해 지역사회에서 증거기반 SDLMI를 활용하는 것이다. 비록 학교기반 SDLMI 실행이 장애 학생에게 긍정적인 성과가 있다고 나타났지만, 학교에 있는 동안 집중적인 전환계획 교수에 접근하는 것이 어떤 학생들에게는 제한될 수 있거나 가족과 지역사회 자원 및 지원에 대한 보완 및 연계가 필요할 수 있다. 지역사회기반 전달 모델들은 유연한 교수 형태(예: 전체 그룹, 소그룹, 일대일, 테크놀로지 활용 교수)를 활용할 수 있는 가능성을 포함하여 잠재적인 이점을 가진다. 그뿐만 아니라 지역사회 맥락에서는 청년들과 관련된 다양한 학교 졸업 이후 전환목표에 더 명확한 초점을 맞출 수 있으며, 가족, 지역사회 자원, 기타 학습기회를 포함할 수 있다. 이와 관련하여, SDLMI를 학생들의 강점, 지원 요구, 신념, 가치 및 선호에 맞게 조정하고 개별화할 수 있는 더 많은 기회가 있을 수 있다. 예를 들어, 자폐인 커뮤니티의 다양한 강점과 지원 요구를 고려하여, 우리는 자폐인 연구자들과의 완전한 파트너십을 통해 SDLMI를 보완하여 추가적인 증거기반 지원(예: 모델링, 촉진, 자기관리, 시각적 지원; Wong et al., 2015) 및 자폐인에 대한 최선의 실제(예: 예측가능한 구조, 신경다양성에 대한 헌신, 높은 기대에 대한 초점)를 포함시키기 위해 노력해 왔다(Shogren, Mosconi et al., 2021).

성공적인 지역사회기반 실행의 예들도 존재한다. 예를 들어, Shogren 등(2016)은 지적장애인을 위한 지역사회기반 지원 기관에서 성인의 진로개발에 초점을 맞춘 수정된 SDLMI를 22명의 직접 고용지원 제공자와 197명의 발달장애인을 대상으로 활용했다. SDLMI가 진로개발 활동을 지도하기 위해 활용되었을 때, 전형적인 실제들에 비교하여 장애인들이 자신의 진로개발 과정에서 보다 많은 자율성을 나타냈다. Dean 등(2019)은 소규모의 성인집단을 대상으로 동일한 접근을 적용했으며, 그 결과 이전에 경쟁고용의 경험이 없었던 12명의 발달장애 성인 중 9명(75%)이 통합된 고용환경에서 파트타임 일자리를 찾았고 매주 2.3일 동안 매일 평균 3.8시간 일을 하게 되었다.

또한 청소년 및 청년뿐 아니라 유아를 위한 자기결정의 중요성을 조명하는 노력이 더욱 강조되고 있다. 이것이 생애주기에 걸친 자기결정 발달의 기초가 되기 때문이다. 초기 연구들은 SDLMI가 유아를 위해 수정되고 실행될 수 있음을 확증하였고(Palmer & Wehmeyer, 2003), 현재 진행 중인 연구는 조기교육 교사와 가족이 생애주기에 걸쳐 자기결정을 증진하는 데 참여할 수 있도록 틀을 개발하고 있다(Palmer et al., 2013; Shogren, Zimmerman et al., 2022).

참고문헌

Agran, M., Blanchard, C., Wehmeyer, M. L., & Hughes, C. (2001). Teaching students to self-regulate their behavior: The differential effects of student-vs. teacher-delivered reinforcement. *Research in Developmental Disabilities, 22*(4), 319–332. https://doi.org/10.1016/50891-4222(01)00075-0

Dean, E. E., Shogren, K. A., Wehmeyer, M. L., Almire, B., & Mellenbruch, R. (2019). Career design and development for adults with intellectual disability: A program evaluation. *Advances in Neurodevelopmental Disorders, 3*, 111–118. https://doi.org/10.1007/s41252-018-0080-6

Hagiwara, M., Shogren, K., & Leko, M. (2017). Reviewing research on the Self-Determined Learning Model of Instruction: Mapping the terrain and charting a course to promote adoption and use. *Advances in Neurodevelopmental Disorders, 1*, 3–13. https://doi.org/10.1007/s41252-017-0007-7

Hagiwara, M., Shogren, K. A., Lane, K. L., Raley, S. K., & Smith, S. A. (2020). Development of the Self-Determined Learning Model of Instruction coaching model: Implications for research and practice. *Education and Training in Autism and Developmental Disabilities, 55*(1), 17–27.

Kelly, J. R., & Shogren, K. A. (2014). The impact of teaching self-determination skills on the on-task and off-task behaviors of students with emotional and behavioral disorders. *Journal of Emotional and Behavioral Disorders, 22*(1), 27–40. https://doi.org/10.1177/1063426612470515

Lee, S.-H., Wehmeyer, M. L., Palmer, S. B., Soukup, J. H., & Little, T. D. (2008). Self-determination and access to the general education curriculum. *The Journal of Special Education, 42*(2), 91–107. https://doi.org/10.1177/0022466907312354

National Technical Assistance Center on Transition. (2017). *Evidence-based practices and predictors in secondary transition: What we know and what we still need to know.*

Palmer, S. B., Summers, J. A., Brotherson, M. J., Erwin, E. J., Maude, S. P., Stroup-Rentier, V., Wu, H.-Y., Peck, N. F., Zheng, Y., Weigel, C. J., Chu, S.-Y., McGrath, G. S., & Haines, S. J. (2013). Foundations for self-determination in early childhood: An inclusive model for children with disabilities. *Topics in Early Childhood Special Education, 33*(1), 38–47. https://doi.org/10.1177/0271121412445288

Palmer, S. B., & Wehmeyer, M. L. (2003). Promoting self-determination in early elementary school: Teaching self-regulated problem-solving and goal-setting skills. *Remedial and Special Education, 24*(2), 115–126. https://doi.org/10.1177/07419325030240020601

Petcu, S. D., Van Horn, M. L., & Shogren, K. A. (2017). Self-determination and the enrollment in and completion of postsecondary education for students with disabilities. *Career Development and Transition for Exceptional Individuals, 40*(4), 225–234. https://doi.org/10.1177/2165143416670135

Raley, S. K., Shogren, K. A., & McDonald, A. (2018). Whole-class implementation of the Self-Determined Learning Model of Instruction in inclusive high school mathematics classes. *Inclusion, 6*(3), 164–174. https://doi.org/10.1352/2326-6988-6.3.164

Raley, S. K., Shogren, K. A., Rifenbark, G. G., Lane, K. L., & Pace, J. R. (2021). The impact of the Self-Determined Learning Model of Instruction on student self-determination in inclusive, secondary classrooms. *Remedial and Special Education, 42*(6), 363–373. https://doi.org/10.1177/0741932520984842

Raley, S. K., Shogren, K. A., Rifenbark, G. G., Thomas, K., McDonald, A. F., & Burke, K. M. (2020). Enhancing secondary students' goal attainment and self-determination in general education mathematics classes using the elf-Determined Learning Model of Instruction. *Advances in Neurodevelopmental Disorders, 4*, 155–167. https://doi.org/10.1007/s41252-020-00152-z

Rowe, D. A., Mazzotti, V. L., Fowler, C. H., Test, D. W., Mitchell, V. J., Clark, K. A., Holzberg, D., Owens, T. L., Rusher, D., Seaman-Tullis, R. L., Gushanas, C. M., Castle, H., Chang, W.-H., Voggt, A., Kwiatek, S., & Dean, C. (2021). Updating the secondary transition research base: Evidence-and research-based practices in functional skills. *Career Development and Transition for Exceptional Individuals, 44*(1), 28–46. https://doi.org/10.1177/2165143420958674

Shogren, K. A., Burke, K. M., Anderson, M. H., Antosh, A. A., LaPlante, T., & Hicks, T. A. (2020). Examining the relationship between teacher perceptions of implementation of the SDLMI and student self-determination outcomes. *Career Development and Transition for Exceptional Individuals, 43*(1), 53–63. https://doi.org/10.1177 /2165143419887855

Shogren, K. A., Burke, K. M., Anderson, M. H., Antosh, A. A., Wehmeyer, M. L., LaPlante, T., & Shaw, L. A. (2018). Evaluating the differential impact of interventions to promote self-determination and goal attainment for transition-age youth with intellectual disability. *Research and Practice for Persons with Severe Disabilities, 43*(3), 165–180. https://doi .org/10.1177/1540796918779775

Shogren, K. A., Burke, K. M., Antosh, A. A., Wehmeyer, M. L., LaPlante, T., Shaw, L. A., & Raley, S. K. (2019). Impact of the Self-Determined Learning Model of Instruction on self-determination and goal attainment in adolescents with intellectual disability. *Journal of Disability Policy Studies, 30*(1), 22–34. https://doi.org/10.1177/1044207318792178

Shogren, K. A., Dean, E., Griffin, C., Steveley, J., Sickles, R., Wehmeyer, M. L., & Palmer, S. B. (2017). Promoting change in employment supports: Impacts of a community-based change model. *Journal of Vocational Rehabilitation, 47*(1), 19–24. http://doi.org/10.3233/JVR-170880

Shogren, K. A., Gotto IV, G. S., Wehmeyer, M. L., Shaw, L., Seo, H., Palmer, S., Snyder, M. J., & Barton, K. N. (2016). The impact of the Self-Determined Career Development Model on self-determination. *Journal of Vocational Rehabilitation, 45*(3), 337–350. http://doi.org/10 .3233/JVR-160834

Shogren, K. A., Hicks, T. A., Burke, K. M., Antosh, A. A., LaPlante, T., & Anderson, M. H. (2020). Examining the impact of the SDLMI and whose future is it? Over a two-year period with students with intellectual disability. *American Journal on Intellectual and Developmental Disabilities, 125*(3), 217–229. https://doi.org/10.1352/1944-7558-125.3.217

Shogren, K. A., Hicks, T. A., Raley, S. K., Pace, J. R., Rifenbark, G. G., & Lane, K. L. (2021). Student and teacher perceptions of goal attainment during intervention with the Self-Determined Learning Model of Instruction. *The Journal of Special Education, 55*(2), 101–112. https://doi.org/10.1177/0022466920950264

Shogren, K. A., Mosconi, M. W., Raley, S. K., Dean, E. E., Edwards, B., Wallisch, A., Boyd, B., & Kiblen, J. C. (2021). Advancing the personalization of assessment and intervention in autistic adolescents and young adults by targeting self-determination and executive processes. *Autism in Adulthood, 3*(4), 289–299.

https://doi.org/10.1089/aut.2021 .0010

Shogren, K. A., Pace, J. R., Wittenburg, D. C., Raley, S. K., Hicks, T. A., Rifenbark, G. G., Lane, K. L., & Anderson, M. H. (2022). Self-report and administrative data on disability and IEP status: Examining differences and impacts on intervention outcomes. *Journal of Disability Policy Studies*. https://doi.org/10.1177/10442073221094811

Shogren, K. A., Palmer, S. B., Wehmeyer, M. L., Williams-Diehm, K., & Little, T. D. (2012). Effect of intervention with the Self-Determined Learning Model of Instruction on access and goal attainment. *Remedial and Special Education, 33*(5), 320–330. https://doi.org/10 .1177/0741932511410072

Shogren, K. A., Scott, L. A., Hicks, T. A., Raley, S. K., Hagiwara, M., Pace, J. R., Gerasimova, D., Alsaeed, A., & Kiblen, J. C. (2021). Exploring self-determination outcomes of racially and ethnically marginalized students with disabilities in inclusive, general education classrooms. *Inclusion, 9*(3), 189–205. https://doi.org/10.1352/2326-6988-9.3.189

Shogren, K. A., & Shaw, L. A. (2016). The role of autonomy, self-realization, and psychological empowerment in predicting outcomes for youth with disabilities. *Remedial and Special Education, 37*(1), 55–62. https://doi.org/10.1177/0741932515585003

Shogren, K. A., Wehmeyer, M. L., Palmer, S. B., Rifenbark, G. G., & Little, T. D. (2015). Relationships between self-determination and postschool outcomes for youth with disabilities. *The Journal of Special Education, 48*(4), 256–267. https://doi.org/10.1177/0022466913489733

Shogren, K. A., Zimmerman, K. N., & Toste, J. R. (2022). The potential for developing and supporting self-determination in early childhood and elementary classrooms. In J. McLeskey, F. Spooner, B. Algozzine, & N. L. Waldron (Eds.), *Handbook of effective inclusive elementary schools: Research and practice* (2nd ed.). Routledge.

Wehmeyer, M. L., Palmer, S. B., Agran, M., Mithaug, D. E., & Martin, J. E. (2000). Promoting causal agency: The Self-Determined Learning Model of Instruction. *Exceptional Children, 66*(4), 439–453. https://doi.org/10.1177/001440290006600401

Wehmeyer, M. L., Shogren, K. A., Palmer, S. B., Williams-Diehm, K., Little, T. D., & Boulton, A. (2012). The impact of the Self-Determined Learning Model of Instruction on student self-determination: A randomized-trial placebo control group study. *Exceptional Children, 78*(2), 135–153. https://doi.org/10.1177/001440291207800201

Wong, C., Odom, S. L., Hume, K. A., Cox, A. W., Fettig, A., Kucharczyk, S., Brock, M. E., Plavnick, J. B., Fleury, V. P., & Schultz, T. R. (2015). Evidence-based practices for children, youth, and young adults with Autism Spectrum Disorder: A comprehensive review. *Journal of Autism and Developmental*

Disorders, 45(7), 1951–1966. https://doi.org/10.1007/s10803-014-2351-z

제4장

SDLMI 실행 안내를 위한 평가 활용

장애 학생을 지도하는 교육자로서 우리는 학생들이 성인기로의 길을 헤쳐 나갈 때 회복탄력성의 버팀목이 될 수 있는 자기결정 능력을 키울 수 있도록 기회를 제공해야 합니다. 목표를 설정하고, 목표를 달성하기 위한 경로를 계획하고, 그 과정에서 자신의 역할을 평가하는 능력을 촉진할 수 있는 도구를 학생들에게 제공하는 것은 그들이 자신의 삶에 원인 주체라고 믿도록 하는 데 매우 중요합니다. SDLMI는 바로 이것을 위한 도구입니다.

(Elise James, 전환 및 졸업 이후 성과 프로그램 전문가)

자기결정, SDLMI, 학생의 성과에 대한 SDLMI의 영향에 대한 연구를 소개한 1부를 기반으로, 이 장에서는 (a) 자기결정 중재 및 지원을 개인의 필요에 맞추기 위한 교수적 요구를 확인하고, (b) 효과적인 실제를 확립하기 위한 자기결정 중재의 성과를 추적하기 위해 자기결정 평가를 어떻게 활용할 수 있는지 설명한다. 우리는 **자기결정 평가 시스템**(Self-Determination Inventory System, SDIS)(Shogren & Wehmeyer, 2017)과 어떻게 그것이 1장에서 설명한 세 가지 자기결정 행동(예: 결정하기, 행동하기, 믿기)의 성장을 위한 강점과 영역을 확인하는 데 활용될 수 있을지를 제시할 것이다. 자기결정을 증진하는 데 있어 학생을 중심에 두는 것이 핵심이며, SDIS를 사용하는 교사들은 학생이 자신의 개인적 자기결정에 대한 이해를 높일 수 있도록 지원할 수 있다. 교육자들은 또한 SDIS를 사용하여 학생이 그 결과를 가족과 친구와 공유할 수 있도록 학생과 협력하고, 평가 결과를 교수에 이용할 수 있는 방법들을 확인하고, 긍정적인 변화를 이끌기 위한 평가 결과의 활용을 강조할 수 있다. 이 장에서는 우선 자기결정 평가에 대한 간략한 역사를 제시하고, 그다음 SDIS 내의 평가들(예: 학생, 성인, 대리인 보고)과 어떻게 교사들이 SDLMI 실행을 위해 그 결과를 활용할 수 있는지 설명한다.

자기결정 평가의 간략한 역사

1990년대 초, 지적장애 및 발달장애 자기옹호자들에 의해 자신의 삶을 주도하는 권리에 대한 체계적인 옹호가 자기결정 평가도구 개발을 위한 연방정부의 자금을 이끌어 냈다(Ward, 1988). 이러한 노력으로부터 개발된 평가도구들 중 2가지는 **Arc 자기결정 척도**(Arc's Self-Determination Scale)(Wehmeyer & Kelchner, 1995)와 **AIR 자기결정 척도**[Amercian Institutes for Research(AIR) Self-Determination Scale](Wolman et al., 1994)를 포함한다. Arc 자기결정 척도는 자기결정 기능모델(Wehmeyer, 1999)과 연계된 것으로 청소년과 성인을 대상으로 한 자기보고 평가이다. Arc 자기결정 척도는 (a) 자율성, (b) 자기조절, (c) 심리적 역량 강화, (d) 자기실현 4가지 하위 영역에 걸쳐 72개의 항목을 포함한다.

AIR 자기결정 척도는 자기결정을 위한 학생의 역량과 자기결정을 할 수 있게 하는 환경에서의 기회가능성을 평가하는 데 초점을 맞추고 있으며 학생, 부모, 교사로부터의 보고를 통합한다. 이것은 학생의 역량과 함께 환경적 기회에 특히 초점을 둔다는 점에서 자기결정을 전반적으로 측정하는 Arc 자기결정 척도와 차이가 있다. 이것은 또한 자신(예: 학생)과 대리인(예: 부모, 교사) 보고 버전을 포함한다. AIR 자기결정 척도는 다음 두 가지 하위 영역에 걸쳐 30개의 항목을 포함하는데, 역량(예: 자기결정 행동을 활용하기 위한 학생의 지식, 능력, 인식)과 기회(예: 가정 및 학교 환경에 걸쳐 자기결정 행동에 참여할 수 있는 기회)가 그것이다. Arc 자기결정 척도와 AIR 자기결정 척도는 자기결정 증진을 위한 중재 상황에서 청소년과 청년의 자기결정 연구에 광범위하게 사용되어 왔다(예: Cater et al., 2010; Shogren et al., 2015; Wehmeyer et al., 2013).

그러나 이 도구들이 1990년 후반에 개발되었기 때문에 혁신의 필요성이 있었다. 특히 (a) 단기간의 변화에 더 민감하고, (b) 교수 계획과 관련 있거나 SDLMI와 같은 중재를 더 강화하기 위한 정보를 제공하고, (c) 원인 주체 이론(1장 참조)에 의해 정의된 자기결정의 가장 최근 개념과 일관되고, (d) 모든 학생을 위한 기술과 그 기술이 제공하는 지원을 통합하는 도구에 대한 요구가 있었다. 이러한 요구는 **자기결정 평가 시스템**(Self-Determination Inventory

System, SDIS)라고 불리는 새로운 도구에 의해 해결되었다.

자기결정 평가 시스템(SDIS)

SDIS는 청소년과 청년(SDI: 학생 보고(Student Report)[SDI:SR]), 성인(SDI: 성인 보고(Adult Report)[SDI:AR]), 지원자(예: 부모, 가족 구성원, 교사, SDI: 부모/교사 보고(Parent/Teacher Report)[SDI:PTR])로부터 자료를 수집하기 위해 고안된 몇 가지 평가를 포함한다. SDIS에 포함된 각 평가는 21개의 질문으로 구성되어 있으며, 각 질문은 맞춤형 온라인 플랫폼에서 슬라이더 척도를 사용하여 0(동의하지 않음)부터 99(동의함)까지 컴퓨터가 점수를 매긴다. 맞춤형 온라인 시스템에는 내장된 접근성 기능(예: 본문 내 정의 제공, 음성 재생)이 포함되어 있다. 전반적인 자기결정 점수와 더불어 자기결정 행동(즉, 결정하기, 행동하기, 믿기)에 대한 점수도 자동으로 계산되어, 평가가 끝난 후 사용자 친화적인 보고서로 제공된다([그림 4-1] 참조). SDIS에서 평가를 완료한 후 청소년, 성인 또는 부모/교사는 학교, 가정, 지역사회 환경에서 자기결정 행동을 강화할 수 있는 구체적인 권장 사항을 제공하는 「SDI: 보고서 가이드(Report Guide)」를 받게 된다. 다음 절에서는 SDIS 평가 도구 각각에 대해 설명한다.

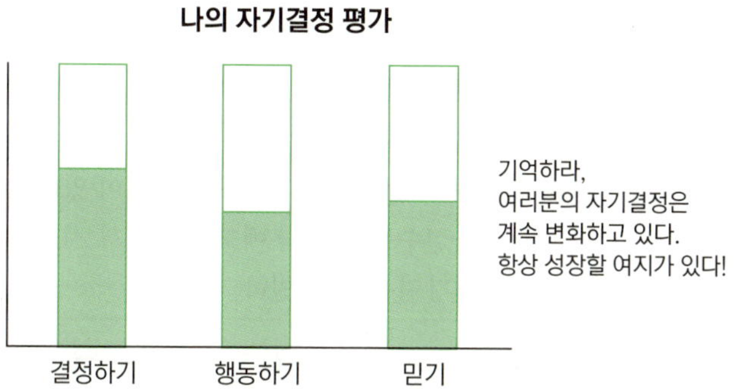

[그림 4-1] SDI 보고서 결과 예시. www.self-determination.org를 통해 접근 가능한 SDI 보고서 스크린샷

자기결정 평가: 학생 보고(SDI:SR)

SDI:SR은 13세에서 22세의 다양한 장애유형(예: 장애 없음, 학습장애, 지적장애, 자폐성장애, 기타 건강장애)과 다양한 인종 및 문화적 배경(예: 흑인/아프리카계 미국인, 히스파닉/라틴, 백인/유럽계 미국인, 기타)(Shogren et al., 2020)을 가진 학생들을 대상으로 타당화되었으며, 성인기로의 전환기 동안 청소년들이 학교와 지역사회 환경에서 이용할 수 있다. 〈표 4-1〉은 결정하기, 행동하기, 믿기에 해당하는 SDI:SR 문항의 예시를 제공한다.

〈표 4-1〉 결정하기, 행동하기, 믿기와 일치하는 SDI:SR 문항

자기결정 행동	SDI:SR 문항 예시
결정하기	나는 내가 하고 싶은 활동을 선택한다. 나는 내가 좋아할 만한 새로운 경험을 찾는다.

행동하기	나는 문제를 해결하기 위해 한 가지 이상의 방법을 생각한다. 나는 나의 목표 하나 하나에 대해 생각한다.
믿기	나는 나의 목표를 달성하기 위한 능력이 있다. 나는 내가 실수를 한 이후에도 계속해서 시도한다. 나는 나의 강점을 알고 있다.

SDI:SR=Self-Determination Inventory: Student Report.

Shogren 등(2020)의 허락을 받아 재인쇄됨.

SDI:SR을 사용한 연구는 자기보고된 자기결정이 구조적인 요인에 의해 차이를 보임을 시사하였다(Shogren et al., 2018a). 특히 백인/유럽계 비장애 미국 학생들은 다른 인종 및 문화적 배경을 가진 청소년과 장애 학생들과 비교할 때 일관되게 SDI:SR에서 가장 높은 점수를 나타냈다. 연구자들은 이러한 결과가 지원 시스템(예: 학교)에 의해 제공된 자기결정을 위한 상이한 기회와 지원, 특별히 문화감응교수 실제의 통합 부족으로 인한 결과라고 제안했다(6장 참조). 이것은 SDI:SR이 자기결정 결과들에서의 격차를 확인하고 교육과 지역사회 상황에서의 구조적인 격차를 줄이기 위한 지원을 목표로 하는 데 활용될 수 있다는 것을 시사한다. Shogren 등(2018b)은 또한 SDI:SR 점수에 대한 연령과 성별의 영향을 탐구하였으며, 그 결과 성별에 따른 차이는 없었으나 예상대로 연령과 관련된 차이를 발견했다(예: 더 어린 참여자들이 더 낮은 수준의 자기결정을 보였다). SDI:SR은 또한 언어 접근성을 높이기 위해 다른 언어로 번역되고 있다. 현재 SDI:SR은 www.self-determination.org에서 영어, 스페인어, 미국 수어로 접근할 수 있으나 프랑스어, 일어, 중국어(만다린)를 포함하여 여러 언어로 번역하는 프로젝트가 진행 중이다.

또한 다른 지원자들(예: 부모/가족 구성원, 교사)로부터 자료를 삼각 측정하여 교육과 지원에 반영하기 위한 방법을 모색하기 위해 지속적인 노력이 진행 중이다. 이를 위해, SDIS에서도 자기결정 평가:부모/교사 보고(SDI:PTR)를 포함하고 있다.

자기결정 평가: 부모/교사 보고(SDI:PTR)

SDI:PTR에 대해 설명하기 전에, 이것이 지원자들(예: 부모, 가족 구성원, 교사)로부터 청소년이나 청년의 자기결정에 대한 그들의 인식에 대해 정보를 수집하기 위해 개발되었다는 것을 주목하는 것이 중요하다. 그러나 이것은 SDI:SR을 대체하기 위한 것이 아니라 대신 학생의 관점에 대한 보완적인 수단으로 간주해야 한다.

SDI:PTR은 SDI:SR의 문항을 그대로 반영한 21개 문항으로 구성되어 있다. 이것은 청소년이나 청년을 가장 잘 알고 있는 모든 대리인에 의해 이용될 수 있도록 고안되었다. 예를 들어, "나는 나의 목표를 달성하기 위한 능력이 있다."는 SDI:SR의 문항으로, 이것이 SDI:PTR에 반영된 문항은 "이 학생은 자신의 목표를 달성하기 위한 능력이 있다"이다. SDI:SR과 같이 SDI:PTR도 원인 주체 이론과 일치하며, 교사, 가족 구성원, 또는 청소년이나 청년에 대해 잘 알고 있는 다른 대리인의 관점에서 전반적인 자기결정 점수와 함께 결정하기, 행동하기, 믿기에 대한 점수를 제공한다.

Shogren, Adnerson 등(2021)은 청소년이 평정한 SDI:SR의 점수와 그들의 교사가 평정한 SDI:PTR 점수를 비교하였다. 그 결과 SDI:SR과 SDI:PTR에 대해 동일한 질문이 자기결정을 측정하기 위해 이용될 수 있으나 교사 응답자는 청소년의 자기결정 수준이 더 낮다고 보고하는 경향이 있음을 제시했다. 다만, 청소년의 자기보고와 교사의 대리보고 간의 차이는 학생의 장애 정도, 인종/민족에 따라 다르게 나타났다. 이러한 차이는 교사들이 소외 계층 학생들을 평가할 때 가장 큰 것으로 나타났다. 이는 학생, 교사, 가족, 지역사회 구성원 간에 자기결정에 대한 공동 이해를 지원하는 것의 중요성과 자기결정을 위한 문화적 겸손에 초점을 맞추고, 문화적으로 지속가능한 지원을 강화할 필요성을 강조한다(6장 참조). 향후 연구에서는 가족 구성원에 의해 작성된 SDI:PTR 결과와 SDI:SR을 통해 작성된 청소년과 청년의 결과 보고를 비교하는 연구가 필요하다.

자기결정 평가: 성인 보고(SDI:AR)

SDI:AR은 SDIS 평가도구를 성인기로 확장한 것이다. SDI:AR은 SDI:SR과 동일한 21개 문항을 사용한다. 그러나 장애 및 비장애 성인의 거주 형태와 고용 상황을 포함하여 성인의 역할 및 책임과 관련된 더 많은 정보를 파악하기 위해 평가도구의 마지막에 있는 인구통계학적 정보에 변화를 주었다. SDI:AR은 18세 이상의 지적장애 성인 및 비장애 성인에 대한 자기결정을 평가하기에 유용한 것으로 나타났다(Shogren,, Rifenbark et al., 2021). 진행 중인 연구들은 SDI:AR이 장애 및 비장애 성인의 격차를 확인하고, 형평성(예: 연령, 성별, 장애 유형; Hagiwara et al., 2020)을 증진하기 위한 지원 계획을 세우는 데 사용될 수 있다고 제안한다. 예를 들어 비장애 성인은 SDI:AR에 대해 장애 성인보다 더 높은 점수를 받았는데, 지적장애 성인에게서 가장 큰 격차가 발견되었다. 이는 구조적인 장벽에 도전하고, 생애 전반에 걸쳐 자기결정을 위한 효과적이고 개별화된 지원을 제공할 필요가 있음을 강조한다. 이러한 점은 특히 통합교육, 주거 형태, 고용 기회와 같은 다른 요인들도 더 높은 자기결정 점수에 기여하기 때문에 더욱 중요하다. 예를 들어, 일을 하지 않았거나 시간제로 근무했다고 보고한 장애 성인은 정규직으로 일을 하는 사람들에 비해 SDI:AR에서 유의하게 더 낮은 점수를 받았다. 이러한 결과는 장애 성인이 지역사회에서 자신이 선택한 통합적 활동에 참여할 기회를 보장하는 것의 중요성을 강조하는 것으로, 이는 청소년이 학교에서 성인의 역할과 책임으로 전환할 때 효과적인 전환 서비스와 지원 계획이 중요하다는 것과 맥락을 같이한다. 전반적으로 SDIS는 자기결정 평가도구를 유의하게 발전시켰으며 교육자들에게 SDLMI를 포함하여 자기결정을 위한 중재와 지원을 계획하기 위한 도구를 제공한다.

SDLMI 실행 안내를 위한 SDIS 활용

SDIS의 결과를 활용하여 학생, 가족, 교사는 협력하면서 자기결정을 위한 기회를 강화하고 지원을 구축하기 위한 계획을 세울 수 있다. 여기에는 SDLMI와 같은 증거기반 실제를 사용하는 것이 포함될 수 있다. [그림 2-1]에서 보듯이, SDLMI의 각 단계는 결정하기, 행동하기, 믿기와 일치하므로 SDIS의 결과를 활용하는 것은 교사들에게 SDLMI를 진행하고 교수하는 동안 활용할 수 있는 자기결정 강점에 대한 정보를 제공할 수 있다. 예를 들어, 교사가 SDLMI를 활용할 때, 1단계에서 학생들은 결정하기와 관련된 능력, 기술, 태도(예: 선택하기, 결정하기, 목표설정)를 사용하여 자신의 강점, 관심사, 선호, 신념을 바탕으로 배우고 싶은 것이 무엇인지 확인하고, 그 목표를 달성하기 위해 측정가능하고 관찰가능한 구체적인 목표를 설정한다. 따라서 만약 SDI:SR 결과에서 학생을 위해 성장이 필요한 영역으로 결정하기가 나타난 경우 학생과 가족, 교사들은 학생이 1단계를 진행하는 동안 기회와 지원을 강화하기 위한 계획을 세울 수 있다.

자기결정 평가를 효과적으로 활용하기 위한 핵심은 학생들이 필요하고 가치 있는 지원을 받으면서 결과를 해석하고, 다음 단계를 계획하는 과정에 참여하고 주도할 수 있도록 하는 것이다. 이를 위해, 학생들이 SDI:SR을 완료하도록 지원한 후, 교사들은 **한눈에 보는 SDI:SR 3-2-1 학습지**([그림 4-2] 참조)를 사용하여 학생들과 자기결정 관련 강점과 성장을 위한 영역에 대해 논의할 수 있다. 이 학습지는 학생들이 SDI:SR의 결과를 해석하고 자기결정과 관련된 자신의 능력, 기술, 태도를 기르기 위해 취할 수 있는 다음 단계를 확인하는 것을 지원하기 위해 고안되었다. 이 과정은 학생에게 자기결정이 무엇을 의미하는지, 그리고 그것이 그들의 문화적 정체성과 가치관에 의해 어떻게 형성되는지를 이야기하기에 자연스러운 시간이다. 한눈에 보는 SDI:SR 3-2-1 학습지는 세 가지 영역을 포함한다. (a) 학생들이 자신의 자기결정을 향상시키기 위해 취할 수 있는 **3가지 행동**을 찾는다. (b) 학생들이 더 강화하고자 하는 **2가지 자기결정 능력과 기술**을 찾는다. (c) 학생들이 자신의 자기결정을 발견하거나 개발하는 것과 관련하여 깨달은 **1가지 성찰**을 기록한다. 교사들은 학생들의 강점과 필요에 따라 한눈에 보는 SDI:SR 3-2-1 학습지의 형식을 수정하고 조정하도록 적극 권장된다. 예를 들어, 일부 학생을 위해 문항 수를 줄이고 그것을 한눈에 보는 SDI:SR 학습지라고 부르는 조정을 할 수 있다. 또 다른 수정 및 조정에는 시각 자료 사용, 음성을 문자로 변환하는 기능 활용, 학생들이 오디오 및/또는 비디오 녹화를 통해 답변하도록 지원하는 것, 글꼴 크기 및 색상 변경 등이 포함된다.

학생들이 자신의 자기결정을 향상하기 위해 취할 수 있는 세 가지 행동을 확인하기 전에, 학생들은 결정하기, 행동하기, 믿기에 대한 자신만의 정의를 내려 이들 자기결정 행동에 대한 그들의 이해를 공유한다. 이 과정은 교사들이 학생이 자신의 자기결정과 관련된 능력, 기술, 태도를 어떻게 인식하고 있는지, 그리고 그들의 문화적 및 언어적 배경이 그들에게 어떤 영향을 미치는지 이해하도록 하는 데 중요한 대화의 일부이다. 이 단계에서는 가정, 친구, 지역사회 리더를 이 과정에 참여시키는 것이 매우 유용하며, 이를 통해 문화적 정체성, 지식 자원, 그리고 학생의 가정과 지역사회에서 자기결정 능력, 기술, 태도가 어떻게 표현되는지에 대한 논의를 심화할 수 있다. 학생들이 한눈에 보는 SDI:SR 3-2-1 학습지의 첫 번째 영역을 완료하는 동안, 교사들은 SDLMI에 참여하기 전에 학생들이 결정하기, 행동하기, 믿기와 관련된 능력과 기술을 향상시키기 위해 취할 수 있는 행동이 무엇인지를 고려하도록 지원할 수 있다.

SDLMI
Self-Determined Learning Model of Instruction

나의 SDI:SR ______ (날짜): 한눈에 보는 자기결정 3-2-1 학습지

3 나의 자기결정을 향상하기 위해 ______ (날짜/요일)까지 **내가 할 수 있는 3가지 행동**은 무엇인가?

결정하기 나에게 결정하기란 무엇인가?	성장하기 위해 내가 할 수 있는 한 가지 행동:
행동하기 나에게 행동하기란 무엇인가?	성장하기 위해 내가 할 수 있는 한 가지 행동:
믿기 나에게 믿기란 무엇인가?	성장하기 위해 내가 할 수 있는 한 가지 행동:

2 내가 더 강화하고 싶은 2가지 자기결정 기술(예: 의사결정, 목표설정)은 무엇인가?

기술: ______ 나는 이 기술을 어떻게 사용하고 있는가?	이 기술을 향상하기 위한 한 가지 방법:
기술: ______ 나는 이 기술을 어떻게 사용하고 있는가?	이 기술을 향상하기 위한 한 가지 방법:

1 자기결정을 발견하고 개발하면서 깨달은 **1가지 성찰**은 무엇인가?

(“아하” 발언, 질문, 축하, 감상, 또는 그림 등으로 자유롭게 표현해 보세요!)

[그림 4-2] 한눈에 보는 SDI:SR 3-2-1 학습지

참고문헌

Carter, E. W., Trainor, A., Owens, L., Sweden, B., & Sun, Y. (2010). Self-determination prospects of youth with high-incidence disabilities: Divergent perspectives and related factors. *Journal of Emotional and Behavioral Disorders, 18*(2), 67–81. https://doi.org/10.1177/1063426609332605

Hagiwara, M., Shogren, K. A., & Rifenbark, G. G. (2020). Examining the impact of personal factors on scores on the Self-Determination Inventory: Adult Report in adults with disabilities. *Journal of Policy and Practice in Intellectual Disabilities, 18*(2), 120–130. https://doi.org/10.1111/jppi.12361

Shogren, K. A., Anderson, M. H., Raley, S. K., & Hagiwara, M. (2021). Exploring the relationship between student and teacher/proxy-respondent scores on the Self-Determination Inventory. *Exceptionality, 29*(1), 47–60. https://doi.org/10.1080/09362835.2020.1729764

Shogren, K. A., Little, T. D., Grandfield, E., Raley, S. K., Wehmeyer, M. L., Lang, K. M., & Shaw, L. A. (2020). The Self-Determination Inventory-Student Report: Confirming the factor structure of a new measure. *Assessment for Effective Intervention, 45*(2), 110–120. https://doi.org/10.1177/1534508418788168

Shogren, K. A., Rifenbark, G. G., & Hagiwara, M. (2021). Self-determination assessment in adults with and without intellectual disability. *Intellectual and Developmental Disabilities, 59*(1), 55–69. https://doi.org/10.1352/1934-9556-59.1.55

Shogren, K. A., Shaw, L. A., Raley, S. K., & Wehmeyer, M. L. (2018a). Exploring the effect of disability, race/ethnicity, and socioeconomic status on scores on the Self-Determination Inventory: Student Report. *Exceptional Children, 85*(1), 10–27. https://doi.org/10.1177/0014402918782150

Shogren, K. A., Shaw, L. A., Raley, S. K., & Wehmeyer, M. L. (2018b). The impact of personal characteristics on scores on the Self-Determination Inventory: Student Report in adolescents with and without disabilities. *Psychology in the Schools, 55*(9), 1013–1026. https://doi.org/10.1002/pits.22174

Shogren, K. A., & Wehmeyer, M. L. (2017). *Self-Determination Inventory: Student-Report*. Kansas University Center on Developmental Disabilities.

Shogren, K. A., Wehmeyer, M. L., Palmer, S. B., Rifenbark, G. G., & Little, T. D. (2015). Relationships between self-determination and postschool outcomes for youth with disabilities. *Journal of Special Education, 48*(4), 256–267. https://doi.org/10.1177/0022466913489733

Ward, M. J. (1988). The many facets of self-determination. NICHCY Transition Summary. *National Center for Children and Youth with Disabilities, 5*, 2–3.

Wehmeyer, M. L. (1999). A functional model of self-determination:

Describing development and implementing instruction. *Focus on Autism and Other Developmental Disabilities, 14*(1), 53–61. https://doi .org/10.1177/108835769901400107

Wehmeyer, M. L., & Kelchner, K. (1995). The Arc's Self-Determination Scale. The Arc National Headquarters.

Wehmeyer, M. L., Palmer, S. B., Shogren, K., Williams-Diehm, K., & Soukup, J. H. (2013). Establishing a causal relationship between intervention to promote self-determination and enhanced student self-determination. *The Journal of Special Education, 46*(4), 195–210. https://doi.org/10.1177/0022466910392377

Wolman, J., Campeau, P., DuBois, P., Mithaug, D., & Stolarski, V. (1994). *AIR Self-Determination Scale and user guide*. American Institute for Research.

제 5 장

다층지원체계 내의 SDLMI

SDLMI는 모두를 위한 것입니다. 학생들이 자신의 목표, 실행 계획, 그리고 자기 평가 전략에 대해 '일단 이야기하게' 해 보세요!

(Steve smith, 메릴랜드 통합교육 연합 및 SDLMI 코치)

지금까지 자기결정교수학습모델(SDLMI)과 핵심 구성요소(2장), 그 효과를 입증한 연구(3장), 그리고 SDLMI 실행을 안내하기 위한 자기결정 평가의 활용 방법(4장)에 대해 배웠으니, 이제는 계층적 지원 틀을 활용해서 어떻게 SDLMI가 **모든** 학생을 지원하기 위해 활용될 수 있는지 설명할 차례이다. 장애 학생들의 불균형적으로 낮은 학교 졸업 이후 성과를 해결하기 위해(Winsor et al., 2021), 학교 개혁 분야의 리더들은 모든 학생을 지원하는 학교차원의 중재를 실행하는 데 수반되는 복잡성을 해결하기 위해 학교 내에서 **다층지원체계**(multi-tiered systems of supports, MTSS)를 구축할 것을 주장해 왔다(Sailor, 2008). 이러한 재구조화는 초점을 형평성 기반 교육으로 전환하게 하며(Aritles & Kozleski, 2016), 개별 학생의 요구에 따라 증거기반의 지원과 서비스가 공평하게 분배되도록 강조한다. 이 틀은 각 학생과 그 가족이 교육에 가져오는 강점과 자원뿐만 아니라 효과적인 실제를 최대한 활용한다. 계층적 지원 틀로 전환하는 것은 교사에 의해 전달되는 개별 학급 교수와 지원에서의 근본적인 변화를 필요로 할 뿐만 아니라 학교 지도자에 의해 지원되는 학교 시스템과 구조에서의 변화를 요구한다. 이번 장은 모든 학생을 위한 자기결정 중재에 대한 접근성과 참여를 증진하기 위해 어떻게 SDLMI가 MTSS 틀 내에서 활용될 수 있는지를 설명한다.

다층지원체계

다층지원체계(MTSS)는 일반적으로 세 단계의 지원을 포함한다. 이들은 (a) **모든** 학생을 위해 계획된 1단계 또는 보편적 교수, (b) 1단계 교육과정에 참여하기 위해 더 많은 지원이 필요한 학생들을 위한 2단계 또는 추가적인 표적 교수, 그리고 (c) 1단계 및 2단계 지원에 참여할 수 있도록 학생들의 지원 요구를 바탕으로 추가적이고, 더 집중적인 개별화된 지원을 포함한 3단계 또는 가장 집중적인 지원을 포함하고 있다(Thurlow et al., 2020). MTSS의 중요한 특징 중 하나는 지원의 단계가 추가적이라는 것으로, 이는 학생들이 보편적인 1단계 교수를 받는 것에 더하여 보다 표적화된 추가적인 교수(예: 2단계 또는 3단계 지원)를 통해 유익을 얻는 것을 의미한다(Thurlow et al., 2020). 즉, 2단계 또는 3단계 지원은 1단계 교수를 대체할 수 없으며, 대체해서는 안 된다. 나아가, 학생들이 더 강도 높은 교수를 받을 때, 모든 교수는 통합학급 활동 내에 삽입될 수 있고, 그래야 한다. 지원의 단계는 교육적 배치와 동일시되어서는 안 된다(Sailor, 2008).

MTSS가 학업 및 행동 성과를 향상시키기 위해 실행될 때 긍정적인 영향을 미친다는 것을 지원하는 증거가 점점 더 많아지고 있다(McIntosh & Goodman, 2016). 자기결정 분야의 리더들은 최근 어떻게 MTSS가 모든 학생을 위한 자기결정 교수에 대한 접근을 향상하기 위해 이용될 수 있는지를 탐색하고 있다(Shogren et al., 2016). [그림 5-1]에 있는 Steve Smith의 **SDLMI 이야기**를 읽어 보라. Steve는 통합교육 분야의 리더이자 SDLMI 코치로서, MTSS 틀 내에서 SDLMI를 활용하여 모든 학생을 위한 접근성과 성과를 향상시킬 수 있는 방법을 공유하고 있다.

3년에 걸쳐, 저는 모든 학생의 자기결정 증진을 위해 1단계 지원으로서 SDLMI를 사용하면서 Delaware와 Maryland에 있는 고등학교들을 지원했습니다. 제가 가장 좋아하는 코칭 경험 중 하나는 한 고등학교의 일반교육 수학 교사에게 그녀의 학급에 있는 모든 학생을 위해 SDLMI를 활용하도록 지원한 것입니다. 그 교사를 Joyce라고 부르겠습니다. Joyce는 모든 학생이 목표를 설정하고, 실행 계획을 세우고, 진행 상황에 따라 목표와 실행 계획을 조정하는 것을 지원하는 것이 고등학생들에게 이상적이라고 생각했지만, 이것은 너무 많아 어디서부터 시작해야 할지 막막했습니다. 대체 어디서 시작해야 할까요? SDLMI 훈련 중에 그녀는 학생들이 SDLMI의 세 가지 단계에 참여할 수 있도록 지원할 수 있는 다양한 자료를 받았지만, 그녀의 교수 스타일과 학생들의 지원 요구에 맞게 이 자료들을 어떻게 활용할지 찾기 위해 코칭 지원이 필요했습니다.

우리의 모토는 '일단 학생들이 이야기하게 하자'였고, 그녀의 SDLMI 실행은 전통적인 종이와 연필 활동에서부터 교사와 학생 간의 대화, 또래들 간의 대화를 시도해 가는 것으로 발전해 나갔습니다. COVID-19 팬데믹 동안 SDLMI 수업이 온라인으로 이루어졌을 때, 이러한 대화는 온라인 채널로 전환되었고 Joyce는 학생들이 실시간으로 협력할 수 있도록 지원하기 위해 소그룹, 구글 클래스룸, 구글 잼보드를 활용했습니다. 학생들은 이를 통해 팬데믹 이전에는 맺지 못했던 또래들과의 연대를 형성할 수 있었고, 심지어 진정한 우정도 쌓을 수 있었다고 말했습니다. 그녀가 제공한 다양한 보편적 지원은 장애 학생과 비장애 학생을 포함한 모든 학생이 자신이 선호하는 방식으로 가상 수업 전, 중, 후에 SDLMI에 참여할 수 있도록 했습니다.

SDLMI 코칭 회기 동안, Joyce와 저는 그녀의 실행이 학생들이 목표를 설정하고, 실행 계획을 세우고, 자기평가를 지원하는 데 성공적이었는지 확인하기 위해 12개의 학생 질문에 대한 학생들의 반응을 살펴보았습니다. 또한 우리는 소그룹 기회나 개별화된 SDLMI 교육 지원을 통해 어떤 학생들이 더 많은 지원이 필요한지 함께 논의했습니다. Joyce는 학생들에게 체크인(check-in) 기회를 제공하거나, 학생 질문에 답변하는 데 어려움이 있는 특정 학습자들에게 그들의 요구를 고려하여 참여하도록 했습니다. 각 SDLMI 단계를 통해 우리는 학생들의 반응을 추적하고, 그들의 진전을 바탕으로 어떻게 더 많은 지원 또는 더 적은 지원을 제공할 수 있을지 계획을 세울 수 있었습니다.

Joyce는 훌륭한 SDLMI 실행자였습니다. 그녀의 성격과 성향은 그녀의 학생들과의 강하고 의미 있는 연대를 촉진했습니다. 그녀는 자신의 이러한 성격과 SDLMI를 학교와 교실의 구조에 통합하는 능력으로 SDLMI 실행을 쉽게 만들었습니다. 그녀는 다양한 방법을 통해 목표, 실행 계획, 평가 전략에 대해 학생들이 '일단 이야기하게' 하는 것을 확실히 하면서 자신의 교수 스타일과 교육과정을 기존의 구조에 녹여 넣었습니다. 그녀는 학습자를 지원하기 위해 12개의 학생 질문에 대한 반응을 활용하였고 이러한 과정을 통해 학생들과 더욱 강력한 유대감을 형성하였습니다. 모두가 이 과정에서 이득을 얻었습니다!

- Steve Smith, 메릴랜드 통합교육 연합 및 SDLMI 코치 -

[그림 5-1] 나의 SDLMI 이야기: 모든 학생을 지원하기 위한 SDLMI 활용

MTSS 틀 내에서 SDLMI를 활용한 증거기반 교수를 실행하기 위해서는 SDLMI가 계층적인 지원의 틀 내에 어떻게 삽입될 수 있는지를 이해하는 것이 중요하다. 다음은 모든 학생이 자기결정과 관련된 능력과 기술을 기를 수 있는 공평한 기회를 가질 수 있도록 양질의 교수를 제공하기 위해 지원의 단계들이 어떻게 서로를 기반으로 구축될 수 있는지를 보여 준다.

다층지원체계 1단계에서의 SDLMI

통합 환경에서 보편적 지원 또는 1단계 지원이 실행될 때, SDLMI 실행은 일상적인 수업(예: 일반교육과정)에 삽입되며, 수업을 시작할 때 약 15분 동안 전달된다. 특히 일반학급에서는 더 많은 교수 시간이 필요하다는 요구가 지속적으로 있지만, SDLMI를 1단계 지원으로 활용하는 것은 모든 학생에게 교육과정과 연계된

학습 목표 설정에 참여하고 이를 스스로 주도할 수 있는 공평한 기회를 제공한다. 7장에서 자세히 설명하겠지만, SDLMI를 전체 학급을 대상으로 1단계 지원으로 활용할 때 SDLMI 실행은 일반적으로 주 2회, 약 15분 동안 이루어진다. 각 수업에서 SDLMI 실행자는 특정 교사 목표에 중점을 두어 2장에서 소개된 12가지 학생 질문에 맞춘 교육적 지원을 제공한다. 예를 들어, 한 수업에서는 학생들이 '학생 질문1: 내가 배우고 싶은 것은 무엇인가?'에 답할 수 있도록 지원하기 위해 교사들이 교사 목표에 부합하는 교수를 촉진하는 데 초점을 둘 수 있다. SDLMI 실행자는 SDLMI 교수를 자신이 지도하는 교육과정과 연계하고, 그들이 지도하는 교육과정 내용(예: 수학, 과학, 세계사)과 관련된 학습과 목표에 대해 학생들이 생각할 수 있는 방법을 찾도록 훈련받는다. 이것은 교수가 진행되는 동안 학생과 학교 공동체의 문화적 가치와 지식 자원을 활용하고 중심에 두면서, 학생의 학습 목표, 지식 자원, 교육과정 간의 일치를 증진할 수 있는 자연스러운 기회를 제공한다(추가 전략은 6장 참조). SDLMI를 통합학급에 삽입함으로써 교사들은 학생들이 자기결정과 목표 설정 및 달성 기술을 학습할 뿐만 아니라 자신의 학습을 위한 우선순위를 확인하고, 교육과정을 지식 자원과 자신의 미래를 위한 목표에 연결함으로써 교육과정에 더 적극적으로 참여할 수 있도록 지원한다. 이것은 학습활동 전반에 걸쳐 동기부여와 학생 참여를 늘릴 수 있다.

SDLMI를 실행할 때, 교사는 학생의 지원 요구와 다른 맥락적 요인(예: 단축 수업 일정, 낮은 출석률, 또는 반대로 높은 학생 참여와 더 많은 토론 기회)에 따라 특정 수업을 단축하거나 연장할 수 있다. 또한 학교 방학, 시험 일정 등으로 인해 실행 일정에 일부 조정이 있을 수 있지만, 주 2회 학생들을 수업에 참여시키는 것은 학생들이 학습의 중심에 목표와 실행 계획을 두고 계속 유지하게 한다(Raley et al., 2018).

1단계 지원으로 SDLMI를 실행할 때, 교사는 교육과정 영역에서 학생의 요구와 일치하는 교수를 통해 목표로 삼을 수 있는 광범위한 목표 영역(area)[또는 '목표 범주(bucket)']을 선택할 수 있다(역자 주: 목표 영역은 학생들이 목표를 설정해야 하는 광범위한 주제나 영역으로 교사가 학생에게 목표 설정의 방향을 제시하는 데 사용되며, 목표 범주는 목표 영역 내에서 선택할 수 있는 세부 범주로 학생들이 자신의 관심사와 필요에 따라 목표 범주 내에서 개별 목표를 선택하도록 돕는 비계 역할을 함). 예를 들어, 교사는 수업 활동 준비, 통합학급에서 필요한 지원을 위한 옹호 기술, 또는 수학, 과학, 영어와 같은 과목과 관련 있는 구체적인 내용 전략과 관련된 중요한 목표 범주를 찾아낼 수 있다. SDLMI 실행자는 학생들이 SDLMI 수업 시간 동안 하나의 목표 범주를 선택하고 이 목표 범주 내에서 개별화된 학습 목표를 개발하도록 지원하는 방법을 배운다.

SDLMI 실행은 학생들이 자신의 학습 목표를 설정함에 따라 교사의 전반적인 학업적 교수 역량을 강화하며, 연구자들은 학생들이 일반 교육과정에서 학습과 관련된 목표를 가질 때 더 동기부여가 되고 더 큰 주인의식을 가진다는 것을 발견했다. 통합 환경에서 SDLMI가 실행될 때, SDLMI에 참여하는 학생들은 또래 지원의 혜택도 누릴 수 있다(Carter et al., 2005). 학생들은 그룹 목표를 설정할 뿐만 아니라 개인적인 SDLMI 목표에 대해 정기적으로 점검하고 서로 지원하며 공동체를 만들고 상호 지원에 초점을 두는 문화를 형성하고, 의미 있는 성과를 이끌어 가는 목표를 향해 함께 일할 수 있다.

1단계 SDLMI에 참여하는 장애 학생들을 위해, 교사는 학생들이 수업 내용에 잘 참여하는 데 필요한 조정과 수정을 파악할 수 있다. **보편적 학습설계**(universal design for learning, UDL; Thurlow et al., 2020)의 원칙을 SDLMI 교수에 통합할 수 있다. 이를 통해 모든 학생에게 유익을 주고, 장애 학생의 요구에 중점을 둘 수 있다. 예를 들어, 교사는 UDL 전략을 활용하여 가능한 목표 범주를 문자, 그림기반, 3D 물체를 결합한 다양한 형태로 표현할 수도 있다(예: 노트 필기 기술이라는 목표 범주를 종이 그래픽 조직자와 노트북 또는 태블릿과 같은 시각적 도구로 나타냄). 이러한 접근은 모든 학생이 1단계에 참여하여 SDLMI 목표 범주를 선택할 수 있도록 한다.

다층지원체계 2단계에서의 SDLMI

SDLMI 교수와 평가로부터 수집된 자료가 학생들이 1단계 SDLMI 교수에 참여하기 위해 더 집중적인 지도를 필요로 한다는 것을 시사할 때, 교사는 2단계 중재로 추가적인 30~45분의 소그룹 교수를 제공할 수 있다. 이 시간 동안 교사는 학생 그룹의 필요에 따라 추가적인 교육적 지원을 제공할 수 있다. 이는 SDLMI 실행자가 교사 목표에 맞추어 교수를 더 세분화하기 위한 시간으로 활용할 수 있으며, 이 과정에서 학생들이 학생 질문에 답할 수 있도록 추가적인 시간과 지원을 제공할 수 있다. 교사 목표와 연계된 체험 및 탐구 활동을 위한 기회는 이 수업 시간에 삽입될 수 있다. 예를 들어, 교사는 1단계 지원으로 실행되는 SDLMI에 포함된 핵심 내용을 더 잘 이해하도록 돕기 위해 소그룹의 학생들에게 SDLMI 용어(예: 목표, 문제, 계획, 평가)를 사전에 가르치고, 학생들이 이러한 용어들 각각에 대한 예시를 자신의 삶과 학교 생활 전반에서 찾아보도록 할 수 있다.

교사는 또한 학생들이 선택한 목표 범주에 따라 그룹을 나누어 SDLMI 교수적 지원을 통해 추가적이고 표적화된 교수를 제공할 수 있다. 많은 학생이 문제해결과 자기조절 기술을 더욱 강화할 수 있는 기회를 통해 유익을 얻는다. 예를 들어, 1단계 SDLMI 수업 동안 학생 질문 6을 통해 학생들은 자신의 목표를 향해 노력하는 과정에서 학교, 가정 및 기타 환경에서 마주할 수 있는 장애물을 확인한다. 2단계 지원으로서 교사는 문제해결에 중점을 둔 더 많은 SDLMI 교수적 지원을 제공할 수 있다. 교사는 학생들이 문제해결 과정의 단계를 배우고 적용하도록 지원할 수 있으며, 그다음 학생들이 자신의 삶에서 실제 사례를 찾아 장애물과 가능한 해결책을 생각해 보도록 하여 문제해결 과정을 적용할 수 있다.

교사는 학생들이 이러한 과정을 어떻게 통합학급에서의 자신의 학습에 연계할 수 있는지 탐색하도록 지원할 수 있다. 다른 학생들은 효과적인 자기조절 전략을 개발하기 위해 추가적인 지원이 필요할 수도 있는데, 이러한 전략에는 목표를 향한 진전을 점검하는 방법, SDLMI 2단계(계획 및 실행)에서 목표의 진전을 추적하기 위해 다양한 기술 도구를 탐색하는 방법, 그리고 3단계(목표 또는 계획 수정)에서 이러한 추적의 영향을 평가하는 방법이 포함된다.

2단계 교수는 또한 1단계 교수에서 학생들이 배운 것을 전환계획과 같은 다른 내용 영역으로 일반화하기 위한 구체적인 기회를 제공하는 데 초점을 둔다. 교사는 8장에서 더 자세히 배우게 될 SDLMI 전환계획(Transition Planning) 자료를 사용하여 학생들이 미래와 학교 졸업 이후를 위한 목표 설정을 시작하도록 지원할 수 있다. 교사는 학생 그룹이 지속적인 교육, 고용, 지역사회 참여를 위한 학교 졸업 이후 목표에 대해 생각하고, SDLMI 전환계획 자료를 사용하여 이 과정을 구조화하도록 지원할 수 있다. 교사는 또한 1단계 및 2단계 SDLMI 교수 전반에서 목표를 일치시키면서 학생들이 고등학교에서 일반교육과정 및 교과과정 이수가 이러한 미래 목표와 어떻게 연계되는지 탐색을 시작하도록 지원할 수 있다. 이를 통해 학생들이 가능한 진로 경로를 확인하고, 진로를 위한 필수요건에 대해 더 많이 배우고, 진로 탐색 기회와 인턴십을 탐색하면서 진로개발 활동에 대한 참여를 시작할 기회를 제공할 수 있다.

2단계 교수를 위한 촉진자는 일반교사, 특수교사 또는 관련 서비스 제공자(예: 진로전담 교사, 언어병리학자, 작업 치료사)가 될 수 있다. 2단계 교수는 또한 SDLMI 실행자 훈련을 완수한 지역사회 구성원이나 실제 경험이 있는 사람들에 의해 촉진될 수도 있다. 소그룹 교수를 계획하고 제공할 때, SDLMI 실행자는 학생들이 교실, 학교, 가정, 지역사회 내에서 SDLMI 과정에 필수적인 지식, 능력, 기술을 강화하도록 지원하기 위한 추가적인 예시, 전략, 자원을 확인하고 공동으로 창조하기 위해 학생과 협력해야 한다. 이러한 개별화된 지원 방식은 교사가 문화적으로 지속가능한 교수에 참여할 수 있는 기회를 제공하여, 학생들이 학교 안팎에서의 배경 지식과 삶의 경험을 존중받으며 학습에 기여하도록 이끈다(Gay, 2018; 문화적으로 지속가능한 SDLMI 실행에 대한 자세한 내용은 6장 참조).

다층지원체계 3단계에서의 SDLMI

3단계에서 학생들은 1단계와 2단계 SDLMI 교수에서 확인된 필요에 따라 가장 강도 높은 지원을 받는다. 3단계 지원은 학생들이 1단계와 2단계에서 배운 내용에 집중하고 적용할 수 있도록 더 많은 기회를 만들어 준다. 3단계 지원은 또한 여러 단계와 삶의 영역에 걸쳐 학습의 일반화를 증진하는 데 중점을 둔다(Thurlow et al., 2020). 단계 간 일반화를 지원하기 위해, 다양한 학제 간의 팀 구성원(예: 가족 구성원, 교사, 학교 상담사, 관련 서비스 제공자, 지역사회 서비스 제공자 및 구성원)은 개별화된 3단계 지원을 받는 학생과 협력하여, 언제, 어떻게 학생이 더 집중적인 3단계 SDLMI

지원을 받고 싶어하는지를 확인할 뿐만 아니라 1단계 및 2단계 SDLMI 교수로 일반화를 지원하기 위한 전략(예: 또래 지원, 테크놀로지)을 찾아내야 한다. 3단계에서의 학생을 위한 개별화된 지원은 모든 학생이 일반교육과정과 학교 졸업 이후 목표에 연계된 SDLMI에 더욱 완전히 참여할 수 있도록 한다.

3단계 SDLMI 지원은 1단계 또는 2단계 교수에서 확인된 바와 같이 학습에 더 많은 시간과 지원이 필요한 학생들에게 자기결정 능력을 학업적 학습이나 전환계획에 더 구체적으로 적용할 수 있는 기회를 제공한다. 교사는 교사 목표를 더 세분화하고 교육적 지원을 통해 더 집중적인 교수를 제공할 수 있다. 예를 들어, 일부 학생들은 학교 졸업 후 선택 옵션과 관련된 관심사, 능력, 요구를 스스로 평가하기 위한 추가적인 시간을 주었을 때 유익을 얻을 수도 있다. 교사는 학생들이 지역사회에서 옵션을 탐색하는 데 시간을 보내도록 지원할 수 있다. 학생들은 이러한 탐색을 바탕으로 선호를 형성하고 목표를 찾아낼 수 있다. 마찬가지로, 교사는 학생들이 일반교육과정에 자기결정 기술이 어떻게 포함되어 있는지 확인하도록 지원할 수 있다. 문제해결 과정의 단계를 학습하면서 학생들은 이러한 과정이 과학 실험에서도 사용된다는 것을 배우게 되고, 문제해결 과정을 과학 과제에 적용하기 위한 목표를 설정하여 학습 활동에 적극적으로 참여할 수 있다.

3단계에서 SDLMI는 교수를 강화하기 위해 다른 연구 기반 중재와 결합될 수 있다. 예를 들어, 연구자들은 SDLMI와 '누구의 미래인가(Whose Future Is It)'(Wehmeyer & Palmer, 2011)를 결합했다.

'누구의 미래인가'는 지적장애 학생들이 중등 이후 선택 옵션 및 기회, 전환계획 동안 학교 졸업 이후 삶의 영역(예: 고용, 지역사회 참여)을 위한 목표를 확인하는 방법을 배우는 데 참여하도록 하기 위해 보편적 설계를 사용하는 연구기반 전환계획 교육과정이다. 2년 후, SDLMI와 '누구의 미래인가'에 모두 참여한 지적장애 학생들은 SDLMI에만 참여한 학생들보다 자기결정에서 더 큰 연간 진보를 나타냈다(Burke et al., 2020; Shogren et al., 2020). 이는 더 집중적인 중재가 일부 학생들에게 매우 유익할 수 있음을 강조한다.

다층지원체계(MTSS)의 일부로 SDLMI를 활용하는 것은 학업적 학습과 전환계획을 포함한 여러 영역에 걸쳐 학습과 동기를 향상시킬 수 있다. 이는 장애 학생들과 다른 소외된 정체성을 가진 학생들의 요구에 중점을 두면서 **모든** 학생이 자기결정을 증진할 수 있도록 지원할 수 있다(Shogren et al., 2016). 가정과 학교 간의 파트너십을 강화하고 다양한 학제 간 협력을 증진하는 방법(예: 학생들의 SDLMI 목표와 실행 계획에 대해 개별화교육프로그램(IEP) 팀과의 의사소통 및 조율)을 모색하는 것은 지원 단계 전반에 걸친 SDLMI의 통합을 강화할 것이다. 전체 학교차원의 중재로서 SDLMI를 전달하는 방식을 구조화하기 위해 다층지원체계 틀을 사용하는 방법을 지속적으로 탐구하는 것은 모든 학생을 위한 통합교육의 장벽을 체계적으로 허무는 데 매우 중요하다. 모든 학생이 필요로 하는 지원에 공평하게 접근할 수 있도록 지원을 강화하기 위한 시기와 방법에 대해 어떻게 의사결정을 할지 고려하는 것은 여러 맥락에 걸친 SDLMI 실행의 필수적인 부분이다.

참고문헌

Artiles, A. J., & Kozleski, E. B. (2016). Inclusive education's promises and trajectories: Critical notes about future research on a venerable idea. *Education Policy Analysis Archives, 24*(43), 1–29. https://doi.org /10.14507/epaa.24.1919

Burke, K. M., Shogren, K. A., Antosh, A. A., LaPlante, T., & Masterson, L. (2020). Implementing the Self-Determined Learning Model of Instruction with students with significant support needs during transition planning. *Career Development and Transition for Exceptional Individuals, 43*(2), 115–121. https://doi.org/10.1177/2165143419887858

Carter, E. W., Cushing, L. S., Clark, N. M., & Kennedy, C. H. (2005). Effects of peer support interventions on students' access to the general curriculum and social interactions. *Research & Practice for Persons with Severe Disabilities, 30*(1), 15–25. https://doi.org/10.2511/rpsd.30.1.15

Gay, G. (2018). *Culturally responsive teaching: Theory, research, and practice* (3rd ed.). Teachers College Press.

McIntosh, K., & Goodman, S. (2016). *Integrated multi-tiered systems of support: Blending RTI and PBIS*. Guilford Press.

Raley, S. K., Shogren, K. A., & McDonald, A. (2018). How to implement the Self-Determined Learning Model of Instruction in inclusive general education classrooms. *Teaching Exceptional Children,*

51(1), 62–71. https://doi.org/10.1177/0040059918790236

Sailor, W. (2008). Access to the general curriculum: Systems change or tinker some more? *Research & Practice for Persons with Severe Disabilities, 34*(1), 249–257. https://doi.org/10.2511/rpsd.33.4.249.

Shogren, K. A., Hicks, T. A., Burke, K. M., Antosh, A. A., LaPlante, T., & Anderson, M. H. (2020). Examining the impact of the SDLMI and whose future is it? Over a two-year period with students with intellectual disability. *American Journal on Intellectual and Developmental Disabilities, 125*(3), 217–229. https://doi.org/10.1352/1944-7558-125.3.217

Shogren, K. A., Wehmeyer, M. L., & Lane, K. L. (2016). Embedding interventions to promote self-determination within multitiered systems of supports. *Exceptionality, 24*(4), 213–224. https://doi.org/10.1080/09362835.2015.1064421

Thurlow, M. L., Ghere, G., Lazarus, S. S., & Liu, K. K. (2020). *MTSS for all: Including students with the most significant cognitive disabilities*. University of Minnesota, National Center on Educational Outcomes/TIES Center.

Wehmeyer, M. L., & Palmer, S. B. (2011). *Whose future is it?* Attainment Company.

Winsor, J., Timmons, J., Butterworth, J., Migliore, A., Domin, D., Zalewska, A., & Shepard, J. (2021). *StateData: The national report on employment services and outcomes through 2018.*

University of Massachusetts Boston, Institute for Community Inclusion.

제 6 장

문화적으로 지속가능한 SDLMI 실행

저는 제 미래를 선택할 수 있는 목소리를 낼 수 있습니다.

(Ricky Broussard, 또래 리더 및 사전 고용 전환 서비스 교사)

1장부터 3장에 걸쳐 장애 분야에서 자기결정의 역사와 자기결정을 증진하기 위한 증거기반 접근인 자기결정교수학습모델(Self-Determined Learning Model of Instruction, SDLMI)에 대해 배웠다. 4장에서는 자기결정 평가 시스템(Self-Determination Inventory System, SDIS)을 사용하여 자기결정의 성장을 어떻게 평가할 수 있는지 배웠고, 5장에서는 다층지원체계(multi-tiered systems of supports, MTSS)를 통해 각 학생의 자기결정에 대한 개별화된 지원 요구를 충족시키는 방법에 대해 배웠다. 이것을 토대로, 이 장에서는 장애 학생과 비장애 학생을 포함한 **모든** 학생이 자신의 자기결정을 증진할 수 있도록 지원하기 위해 최우선적으로 고려해야 할 또 다른 중요한 쟁점인 문화적으로 지속가능한 SDLMI의 실행을 발전시키는 것에 대해 깊이 다루고자 한다.

우리 각자는 여러 요소에 의해 형성되는 고유한 문화적 정체성을 가진다. 예를 들어, 장애는 인종 및 민족, 성 정체성과 표현, 언어, 가족 구성과 가치관을 포함한 여러 다른 요소들과 마찬가지로 개인의 문화적 정체성을 형성한다(Trainor et al., 2008). 문화적 정체성은 "가변적이고 역동적"인데(Alim & Paris, 2017, p. 7), 특히 청소년들이 중등교육(즉, 중학교와 고등학교)을 거치며 초기 성인기로 전환하는 과정에서 새로우면서도 상이한 역할과 관계를 탐색할 때 더욱 그렇다. 각 개인의 문화적 정체성을 이해하고, 존중하며, 가치를 부여하는 것은 장애 학생과 비장애 학생의 자기결정의 성장과 발달을 지원하는 노력을 포함하여 교육적 성과를 증진하는 데 매우 중요하다(Scott et al., 2021; Shogren, 2011). 일부 학생들은 억압, 배제, 분리, 그리고 불평등한 교육 및 학교 졸업 이후 경험과 기회에 대한 공통된 경험을 가지고 있다는 점을 인정하는 것이 중요하다. 이러한 격차를 초래하는 구조적 장벽에 도전하는 것은 자기결정을 증진하고 장애 학생 및 기타 소외된 정체성을 가진 학생들의 공평한 성과를 증진하기 위한 노력의 일부가 되어야 한다(Annamma et al., 2022).

구조적 장벽에 어떻게 도전할지, 그리고 문화감응교수(culturally responsive teaching) 실제를 자기결정 교수에 어떻게 통합할지에 대한 논의는 충분히 이루어지지 않았다. 이로 인해 학교와 장애 지원 전문가들은 문화적으로 지속가능한 방식으로 SDLMI를 실행하기 위한 자원과 전략에 접근하지 못하게 되어, 학생들이 자기결정을 함양할 수 있는 기회와 경험을 제한하고, 소외된 청소년들의 경험에 중점을 두지 못하게 되는 결과를 초래했다. SDLMI가 학생과 가족의 공유된 문화적 정체성에 대한 신중한 고려와 통합을 통해 실행되지 않을 때, 학생과 가족은 SDLMI를 활용하여 IEP 및 전환계획에서 설정한 목표들이 그들의 가치관, 정체성, 신념, 그리고 미래에 대한 비전을 반영하지 않는다고 느낄 수도 있다. 한 어머니는 딸의 목표 설정에 대해 어떻게 생각하고 있는지 다음과 같이 진술했다. "그 애가 목표를 설정할 때, 사촌들, 할머니와 할아버지, 그리고 그 모든 사람이 하나의 네트워크처럼 연결되어 있다는 것이 어렴풋이 느껴져요……."(Shogren, 2012, p. 181) 이 어머니는 또한 때로는 학교가 독립성에 너무 중점을 두고, 특히 전환계획 동안의 의사결정에서 가족 구성원을 배제한다고 느꼈다고 설명했다. 실은 그녀의 대가족인 히스패닉 가족에서는 상호 의존성이 가족간의 상호작용과 딸의 미래를 위해 그들이 구상한 것에 있어서 핵심이었다.

그렇다면 어떻게 문화적으로 지속가능한 SDLMI의 실행을 현실로 만들 수 있을까? 소외된 학생들과 가족들을 존중하는 것에서부터 시작하여, SDLMI를 실행하는 동안 문화감응교수 실제를 통해 모든 학생과 가족이 존중받고 가치 있게 여겨지는 것을 확실히 하려면 어떻게 할 수 있을까? 학생들이 학교를 거쳐 성인의 역할과 책임으로 나아가는 동안, 이 장의 초반에 Ricky가 설명한 것처럼 모두가 자신의 삶에서 목소리를 낼 수 있도록 하는 것이 필수적이다. 이를 위해 학생들과 SDLMI 실행자들이 소외된 학생들의 자기결정을 제한하는 구조적 장벽을 확인하고 도전할 수 있도록 주력하는 것이 중요하다. 〈표 6-1〉은 SDLMI의 세 단계(1단계-목표 설정, 2단계-계획 및 실행, 3단계-목표 또는 계획 수정) 각각에서 문화감응교수 실제를 어떻게 활용할 수 있는지에 대한 아이디어를 제공한다. 그러나 이러한 아이디어는 시작점일 뿐이며, 구체적인 활동은 학생과 가족, 그리고 그들을 지원하는 지역사회에 의해 주도될 수 있고, 주도되어야 한다.

〈표 6-1〉 SDLMI 단계에 따른 문화감응교수 실제

SDLMI 단계	문화감응교수 실제
예비 대화	• 사람들이 다양한 문화적 관점에서 자기결정을 어떻게 정의하는지 공유하기 위해 다양한 자료(예: 책, 기사, 영화, 음악, 팟캐스트)를 사용한다. • 학생들과 문화적 정체성과 경험을 공유하는 지역사회의 외부 강사들을 초청하여 자기결정이 그들에게 어떤 의미가 있는지 이야기하도록 한다. • 학생들이 또래들과 자기결정에 대해 공유하고 자기결정을 정의하는 데 협력할 수 있는 옵션을 제공한다.
1단계: 목표 설정	• 학생들이 의사결정 및 목표 설정을 위한 자신의 가치와 선호를 확인하고, 가족과 친구들에게 그들의 관점을 물어 보고 그들의 가치를 SDLMI 학생 질문의 답변에 통합하도록 격려한다. • 학생들이 목표 설정에 대해 함께 학습할 수 있도록 문화적 정체성과 경험을 공유하는 사람들과의 지역사회 기반 경험과 연계를 위한 계획을 세운다. • 학생들이 목표를 확인하는 과정에서 겪는 구조적 장벽을 탐색하고, 옹호와 사회 정의가 어떻게 장벽을 제거하고 자기결정을 위한 더 많은 기회를 창출할 수 있는지에 초점을 맞추도록 요구하고 지원한다. • 학생들이 12개의 학생 질문에 답하면서 자신의 과거 경험과 학습을 활성화하도록 지원한다.

2단계: 계획 및 실행	• 학생들이 실행 계획을 수행하도록 지원할 수 있는 지역 공동체의 자원을 포함하여 지역사회 자원을 탐색할 수 있도록 한다. • 학생들이 실행 계획을 수행하는 데 있어 구조적 장벽이 있을 때 옹호 기회를 파악한다. • 학생들이 과거에 어떻게 실행을 했는지 파악하도록 도와주고, 사전 지식과 경험을 토대로 자기점검 도구를 설계하거나 공동으로 설계한다. • 학생들이 장애물을 제거하기 위해 구조적인 장벽에 도전하고, 형평성을 증진하기 위해 또래와 지역사회 멘토들과 함께 노력할 수 있도록 협력적 학습 기회를 삽입한다.
3단계: 목표 또는 계획 수정	• 학생들이 자신의 목표에 대한 진전을 스스로 성찰할 수 있도록 지원한다. 특히 목표 또는 실행 계획을 수정하고 싶은 방법을 결정할 때 가족과 친구의 의견을 얻을 수 있는 기회를 만든다. • 학생들이 과거에 목표를 달성했거나 수정해야 했을 때 무엇을 했는지 성찰해 보게 한다. • 목표에 대한 진전을 기념하기 위해 함께 할 수 있는 친구, 가족, 지역사회 구성원을 초대하는 축하의 시간을 마련한다. 학생들이 저녁 행사나 지역사회 행사에 넣을 수 있는 다양한 문화적 전통을 찾아보게 한다.

기억하라. SDLMI는 학생들이 목표를 설정하고, 실행 계획을 세우고, 그들의 진전을 평가할 수 있도록 하는 유연한 틀로 고안되었다. 교사로서 SDLMI 실행 과정에서의 역할 중 하나는 문화감응 교수 실제와 같은 효과적인 교수 실제를 활용하여 학생들이 각 단

계의 학생 질문에 답할 수 있도록 참여하고, 동기가 부여되고 준비되도록 지원하는 것이다. 교사들은 2장에서 배운 SDLMI의 핵심 구성요소(학생 질문, 교사 목표, 교수적 지원)를 실행하면서 학생들과 학급의 요구에 자신의 교수방법과 지원을 맞출 수 있고, 맞추어야 한다. 문화감응교수 실제는 SDLMI 교수 전반에 통합될 수 있으며, 문화감응교수 실제를 통합하지 않는다면 SDLMI가 의도한 대로 실행되지 않고 학생 성과에 대한 영향이 제한되게 된다.

예를 들어, SDLMI를 소개할 때 교사들은 학생들이 자기결정이 자신에게 무엇을 의미하는지뿐만 아니라 자신의 정체성을 형성하는 문화 안에서 자기결정이 무엇을 의미하는지에 대해 생각해 보도록 지원할 수 있다. SDLMI에 대한 도입 수업(즉, 교사가 자기결정과 SDLMI를 소개하는 초기 대화)에서, SDLMI 실행자들은 다양한 자원을 활용하여 장애 권리 운동을 포함한 장애 역사에 대한 더 광범위한 논의를 모든 학생을 위한 교육과정에 통합함으로써 장애 문화에 대한 인식을 높이고 사회 정의에 대한 초점을 강화할 수 있다. 다른 소외된 집단들과 함께 장애인 리더들은 자신들이 독특한 역사와 공동체의 가치, 그리고 자신의 삶에 대한 결정에 참여할 권리를 공유하고 있다는 인정을 받고자 노력해 왔다. 이 운동은 사회가 '정상(normal)'을 정의하는 방식의 관점을 넓히고, 자기결정 기회에서 다양성과 형평성이 실현될 수 있는 더 많은 기회를 창출하고 있다. 학생들이 이러한 운동을 이해하도록 지원함으로써 그들이 옹호 활동과 목표 설정, 실행 계획에서 자신의 역할을 구상하도록 지원할 수 있다. 이 장을 시작하면서 인용한 Ricky Broussard가 어떻게 또래 리더 및 사전 고용 전환 서비스 교사로 활동하면서 여러 문화적 정체성을 가진 청소년들이 자기결정과 자기옹호 역량을 키우도록 지원했는지 그의 **자기결정 이야기**([그림 6-1])를 읽어 보라. SDLMI 실행 초기부터 학생들의 문화적 정체성을 통합하는 것은 학생들에게 개인의 선호, 관심사, 신념, 가치뿐만 아니라 자신의 문화적 정체성이 SDLMI의 맥락에서 우선시 된다는 것을 전달하며, 2장에서 설명한 바와 같이 교사와 학생들이 SDLMI 역할을 맡아가는 과정에서 신뢰와 존중을 형성하게 한다.

저는 학생들과 함께 일하는 것을 사랑합니다. 저는 Imagine Enterprises에서 또래 리더로, 그리고 사전 고용 전환 서비스 교사로서 일하면서 고등학교 학급에 가서 주 1~2일 장애 학생들과 함께 공부하고 있습니다. 우리는 특히 학생들의 미래와 그들이 성인기로의 전환을 생각할 때 이루고 싶은 목표에 대해 이야기합니다. 저의 미션은 모든 장애 학생이 자신의 목소리를 내고 목표를 달성하는 데 필요한 옹호 기술을 배우도록 지원하는 것입니다. 저는 이것이 학생들이 누구인지, 그리고 그들과 그들의 가족 및 친구들이 그들의 목표와 꿈을 어떻게 생각하는지와 일치해야 한다는 것을 배웠습니다.

자기결정과 옹호는 제 삶에 매우 중요한 것이었습니다. 저는 10세 때 접근성 문제로 집을 떠나야 했고, 그 후 몇 년 동안 여러 시설에서 지내야 했습니다. 이런 장소에서는 제 미래에 대한 꿈과 계획을 다른 사람들이 지지해 주지 않았기 때문에 진정한 직업 기회를 가질 수 없었습니다. 주변 사람들이 저를 믿어주지 않았기 때문에 저는 진정한 직업을 가질 수 없을 것이라는 걱정을 했습니다. 그러나 제가 Imagine Enterprises와 저의 지원 네트워크를 만났을 때, 저는 앞으로 나아갈 수 있는 다른 길을 찾았습니다. 저는 모든 학생이 제가 했던 걱정을 하지 않기를 바랍니다. 저는 그들이 지원 네트워크를 가지고 그들의 전환 서비스에 대한 권리가 존중되고 인정받기를 바랍니다. 제가 살고 있는 텍사스에서는 모든 고등학생이 그들의 거주지나 문화적 정체성과 관계없이 전환 서비스를 받을 수 있도록 보장하는 'Ricky Broussard' 법 제정을 위해 노력했습니다.

저는 각 학생이 목소리를 내도록 하는 것이 매우 중요하고, 단지 그들이 누구이냐에 따라 학생에 대한 기대를 낮추지 말아야 한다고 믿습니다. 저는 제가 지도하는 학급에서 여러 문화적 배경을 가지고 다양한 언어를 사용하며, 미래에 대해 다양한 목표와 비전을 가지고 있는 학생들을 지원해 왔습니다. 이러한 배경을 축하하고 장애 권리 옹호자들이 우리 모두를 위해 어떻게 더 많은 기회를 창출했는지 배우는 것이 중요합니다. 저는 제 실제 경험을 바탕으로 학생들과 소통하며 가능한 것들에 대해 이야기하고, 제가 제 목소리를 내서 어떻게 옹호 활동을 하고, 저의 꿈의 직업을 갖게 되었는지, 그리고 어떻게 하면 그들도 그렇게 할 수 있는지를 보여 주고 있습니다.

SDLMI를 활용하여 학생들이 자신의 목소리를 찾도록 지원하는 교사들에게 저는 항상 다음과 같은 점을 고려하도록 격려합니다.

1. 또래 멘토 및 리더 활용하기: 장애인들은 서로 연결되고 서로의 경험에서 배울 권리가 있습니다. 공유된 장애 문화가 있으며, 이는 교육과정의 일부여야 합니다. 저와 같은 장애인들이 교사와 지원자로 직업을 가져야 합니다!

2. 지원 네트워크 구축하기: 가족, 친구, 장애 지원 제공자, 지역사회 구성원 등 청소년들의 목표에 대한 실행 계획을 논의하고 실시할 수 있도록 도울 수 있는 사람들을 확인합니다. 그러나 때로는 교사와 다른 사람들이 '한발 물러서서 지원'해야 한다는 것도 기억하세요. 청년들이 이 과정을 주도하게 하되, 그들을 위해 곁에 있어 주어야 합니다.
3. 청년들이 자신의 목소리를 찾도록 지원하기: 모두에게는 목소리가 있으며, 일부 사람들은 자신의 목소리를 낼 수 있기 위해 단지 더 많은 지원이 필요합니다. 사람들이 자신의 삶에서 다양한 방식으로 의사소통하고 목소리를 낼 수 있다는 것을 기억하세요. 어떤 사람은 말을 하고, 다른 사람은 그림을 사용하며, 또 다른 사람은 컴퓨터를 사용할 수 있습니다. 모든 사람에게 맞는 방식을 찾아 주세요.
4. 역할과 기회를 확인하기: 우리는 모두 의미 있는 일을 하고 싶어 합니다. 가르치는 내용이 각 학생의 삶과 배경, 목표에 중요한 내용인지 확실히 할 필요가 있습니다. 모든 사람이 참여하고 연결된 느낌을 가질 수 있도록 하세요. 사람들은 자신의 미래와 학습을 정의하는 데 역할을 할 필요가 있습니다. 그렇지 않으면 행동하고 싶어 하지 않을 것입니다.
5. 유머 감각 갖기: 전환은 쉽지 않습니다. 유머 감각이 어떻게 여러 상황에서 장벽을 헤쳐 나가고, 사회적 관계를 구축하며, 여전히 시행 중인 정책과 관행의 부조리를 인식하는 효과적인 도구가 될 수 있는지 생각해 보세요.
6. 내용 지도하기, 어휘 구축하기, 옹호 활동 기념하기: 청소년들이 삶의 다른 부분에서도 사용할 수 있는 단어와 문구를 가르치고, SDLMI와 같은 도구를 사용하는 데 집중하세요. 목표와 옹호 활동은 어디에서나 중요합니다! 이 장의 서두에서 언급한 구호는 제가 자주 사용하는 것입니다. 옹호 활동을 기념하는 것도 잊지 마세요. 청소년들이 자신의 목소리를 찾을 때, 그들은 자신이 원하는 것과 필요한 것을 요청할 것입니다. 그들이 그렇게 할 때 존

중해 주세요!

- Ricky Broussard, 또래 리더 및 사전 고용 전환 서비스 교사 -

[그림 6-1] 나의 자기 결정 이야기: Ricky Broussard

학생들은 또한 다른 문화에서 자기결정이 어떻게 정의되었고, 그것이 사회 정의를 증진하기 위해 어떻게 사용되었는지를 배우는 것에서 유익을 얻을 수 있다. 예를 들어, 1975년에 처음 제정된 「인디언 자기결정 및 교육지원법」은 원주민들이 자신들의 삶에 영향을 미치는 프로그램과 서비스에 대한 소유권을 가질 권리에 초점을 둔다. 아프리카 및 아프리카계 미국인 문화를 기념하는 Kwanza의 두 번째 원칙은 쿠지차굴리아(Kujichagulia), 즉 자기결정으로, 이것은 자신과 자신의 공동체를 정의하고, 이름을 붙이며, 자신과 공동체를 대변할 수 있는 여건을 조성하는 것이다. 집단적 자기결정은 문화적 정의를 증진하는 데 초점을 맞춘다. 교사로서 자신의 인식을 높이고 학생들이 우리 사회에 존재하는 다양한 문화적 경험과 정체성을 대표하는 관점에 노출되도록 주력함으로써, 우리는 형평성을 증진하고 구조적 장벽과 편견을 허물 수 있다. 자기결정과 문화적 정의를 증진하기 위해 중요한 것은 개인의 성장과 발달의 중요성뿐만 아니라 구조적 변화에 대한 필요성을 인식하는 것이다.

이러한 개인 성장과 시스템 변화에 대한 이중 초점은 SDLMI 교수에 통합될 수 있다. 예를 들어, '1단계: 목표 설정' 동안에 학생들은 학습 및 학교 졸업 후 계획(예: 대학 진학)과 관련된 개인적 목표에 집중할 수 있지만, 동시에 모든 청소년의 공동체, 역사, 문화 및 가치가 인정받고 기념될 수 있도록 하기 위해 필요한 구조적 변화를 해결하고자 하는 목표에 집중할 수 있다.

'2단계: 계획 및 실행' 동안에는 학생들이 실행 계획을 세울 때, 목표를 향해 나아가는 데 방해가 되는 장애물을 파악하는 데 분명한 초점을 둔다. 학생들은 자신의 목표를 향한 진전을 제한하는 구조적 장벽을 파악할 수도 있고, 그들의 교사, 동료, 가족 및 다른 지역사회 구성원과 함께 구조적 편견과 관련된 쟁점을 해결하는 방법에 대해 논의할 수 있다. 교수적 지원은 학생들이 구조적 불평등을 헤쳐 나가며 도전하는 방법에 대한 문제를 해결하고, 명시적 및 암묵적 편견을 다룰 뿐만 아니라 개인 및 공동의 권리와 자신과 타인에 대한 높은 기대를 옹호하도록 지원하기 위해 사용될 수 있으며, 이는 학생의 성과를 향상시킨다(Aceves & Orosco, 2014; Hsieh et al., 2021).

'3단계: 목표 또는 계획 수정' 동안에 학생들은 자신의 목표에 대한 진전을 평가하고 싶은 방법을 고려할 수 있으며, 가족과 친구들을 어떻게 참여시킬 것인지, 그리고 자신에 대해 배운 내용을 바탕으로 목표 설정 및 실행 계획 과정에서 어떤 변화를 원하는지 생각해 볼 수 있다. SDLMI가 어떻게 하면 더 문화적으로 지속가능하게 실행될 수 있을지 탐구하는 것은 학생들과의 지속적인 논의의 일부가 될 수 있으며, 특히 SDLMI의 각 단계에 추가적인 문화 감응적 지원을 어떻게 통합할 수 있을지 탐색하는 것이 중요하다. 학생, 가족, 지역사회와 함께 기념하는 것은 공동체를 형성하고 SDLMI의 진전과 영향을 공유하는 훌륭한 방법이 될 수 있다.

전반적으로, 문화적으로 지속가능한 SDLMI 실행에 참여하기 위해서 장애가 있는 소외된 청소년들이 자기결정 교수, 학교, 그리고 지역사회에서 발휘할 수 있는 강점에 주목해야 한다. 자기결정은 많은 문화적 정체성의 핵심 부분이며, 자기결정이 이해되는 서로 다른 방식에 대해 논의하는 것은 자기결정 교수뿐만 아니라 전반적인 학교 교육과정에 중요한 부분이 될 수 있다. 문화감응교수 실제는 형평성을 증진하고 구조적인 장벽에 도전할 수 있으며, 자기결정 및 SDLMI 교수를 포함한 교수 과정의 일부로 항상 포함되어야 한다.

참고문헌

Aceves, T. C., & Orosco, M. J. (2014). *Culturally responsive teaching* (Document No. IG-2). Collaboration for Effective Educator, Development, Accountability, and Reform Center. http://ceedar.education.ufl.edu/tools/innovation-configurations/

Alim, H. S., & Paris, D. (2017). What is culturally sustaining pedagogy and why does it matter? In D. Paris & H. S. Alim (Eds.), *Culturally sustaining pedagogies: Teaching and learning for justice in a changing world* (pp. 1–24). Teachers College Press.

Annamma, S. A., Ferri, B. A., & Connor, D. J. (Eds.). (2022). *DisCrit expanded: Reverberations, ruptures, and inquiries*. Teachers College Press.

Hsieh, B., Achola, E. O., Reese, L., Keirn, T., Davis, S., Navarro, O., & Moreno, J. F. (2021). Transforming educator practice through a culturally. responsive and sustaining pedagogies rubric: Co-construction, implementation, and reflection. In E. Cain, R. Filback, & J. Crawford (Eds.), *Cases on academic program redesign for greater racial and social justice* (pp. 191–211). IGI Global.

Scott, L. A., Thoma, C. A., Gokita, T., Bruno, L., Ruiz, A. B., Brendli, K., Taylor, J., & Vitullo, V. (2021). I'm trying to make myself happy: Black students with IDD and families on promoting self-determination during transition. *Inclusion, 9*(3), 170–188. https://doi.org/10.1352/2326-6988-9.3.170

Shogren, K. A. (2011). Culture and self-determination: A synthesis of the literature and directions for future research and practice. *Career Development for Exceptional Individuals, 34*(2), 115–127. https://doi.org/10.1177/0885728811398271

Shogren, K. A. (2012). Hispanic mothers' perceptions of self-determination. *Research and Practice for Persons with Severe Disabilities, 37*(3), 170–184. https://doi.org/10.2511/027494812804153561

Trainor, A. A., Lindstrom, L., Simon-Burroughs, M., Martin, J. E., & Sorrells, A. M. (2008). From marginalized to maximized opportunities for diverse youths with disabilities: A position paper of the division on career development and transition. *Career Development for Exceptional Individuals, 31*(1), 56–64. https://doi.org/10.1177/0885728807313777

제 7 장

통합 환경과 SDLMI

> 학생들에게 자신의 목표를 설정하고 그 목표를 달성하기 위해 노력할 기회와 경험을 제공하는 것만으로도, 고등학교 과정을 거치는 학생들을 이해하고 지원하는 데 중요한 역할을 했습니다. 자기결정은 모든 학생에게 긍정적인 변화를 만들어 냈습니다!
>
> (Annette McDonald, 고등학교 수학 교사 및 SDLMI 코치)

자기결정교수학습모델(SDLMI)은 장애 학생과 비장애 학생을 포함한 모든 학생이 자기결정 능력을 향상하고 학업적 학습에 초점을 두는 목표를 향해 나아가도록 지원하기 위해 통합학급에서 사용될 수 있다(예: Raley et al., 2021; Shogren et al., 2021). 대학 및 진로 준비(college and career readiness) 틀은 자기결정과 관련된 능력과 기술이 모든 학생의 학교 졸업 후 성공을 위해 필수적이라고 일관되게 지목하고 있다(Lombardi et al., 2018; Rowe et al., 2021). 또한 자기결정을 증진하는 것은 통합학급에서 장애 학생들의 경험을 중심에 두고 교육이 이루어지도록 할 수 있다(Ward, 2005). 이 장의 서두에서 Annette McDonald의 인용문과 그녀의 **'나의 SDLMI 이야기'**([그림 7-1] 참조)에서 강조했듯이, 자기결정은 모두에게 중요하며 모든 학생이 통합 환경에서 자기결정을 증진할 수 있는 기회와 경험을 가져야 한다. 이러한 목표를 달성하기 위해, 학교 개혁에서의 리더들은 모든 학생이 그들 자신과 가족, 지역사회에서 가치 있다고 여기는 목표들을 세우고 추구하기 위한 기회와 경험을 제공하기 위해 다층지원체계 틀(5장 참조) 내에서 자기결정을 증진하는 교육을 구상할 것을 주장해 왔다(Shogren et al., 2016).

30년 이상 수학을 지도해 오면서 저는 모든 학생이 무한한 잠재력이 있다는 것을 배웠고, 교사로서 학생들이 자신의 강점을 발견하고, 그들의 삶에서 의미 있다고 여기는 목표를 향해 나아가도록 지원하는 전략을 찾고 있습니다. 제가 지도하는 고등학생들을 위한 장기적인 목표들에는 종종 그들이 꿈꾸는 대학에 합격하는 것, 동경하는 회사에서 인턴십을 확보하는 것, 또는 일부 학생들에게는 단순히 친구들과 함께 졸업하는 것이 포함됩니다.

SDLMI를 통해 저는 학생들이 장기적인 목표를 설정하고 관련된 단기목표를 설정하는 방법을 확인하도록 지원하기 위해 사용할 수 있는 증거기반의 실제를 얻게 되었습니다. 학생들은 자신의 장기목표에 한 걸음 더 가까이 가기 위해 학기 중에 SDLMI를 활용하며 목표를 향해 노력합니다. 예를 들어, 저의 9학년 대수학 수업 학생들은 수업에 지각하거나 아예 결석하는 것으로 악명이 높습니다. 그래서 우리가 고등학교 졸업을 위한 그들의 장기 목표에 대해 이야기할 때, 이 과정은 정시에 수업에 참석하는 것이 졸업 필수 과목인 대수학 I 과정을 이수하는 데 어떻게 도움이 되는지에 대해 말해 줄 수 있는 기회를 열어 주었습니다.

제게는 이 점이 분명해 보이지만, 저의 학생들에게 스스로 이러한 연결을 만들 수 있는 기회를 제공하고, 정시에 수업에 오기 위한 목표를 설정하며, 자신만의 실행 계획을 세우고, 책임감을 갖도록 하는 것(예: 수업 시작 3분 전에 휴대폰 알람을 설정하여 정시에 도착하기)이 모든 차이를 만들었습니다! 학생들의 목표를 이해하고 SDLMI 학생 질문 12개에 대한 그들의 답변을 읽는 것은 제게 교실에서 더 의미 있고 몰입도 높은 학습 경험을 창출할 수 있는 더 많은 기회를 제공했습니다. 저는 제 학급의 모든 학생에게 혜택을 주고 이들을 지원할 수 있도록 학생의 학습을 강화하기 위해 다양한 실제를 통합했습니다(예: 추가 문제 풀기, 중요한 단계를 위한 노트 카드 작성, 또는 과제나 공부를 완료하기 위한 계획을 위해 일정표 업데이트하기 등의 1분 선택 활동을 학생에게 제공).

저는 스스로를 평생 학습자로 여기며, 수십 년의 경험이 있음에도 불구하고, 매년 저의 SDLMI 목표(예: 플래너 사용하기, 채소 더 많이 먹기, 주 5일 운동하기)를 공유하면서 제가 그랬듯이 모두가 항상 배워 나가야 한다는 것을 학생들을 위해 보여 주는 것을 행복하게 생각합니다. 저의 학생들에 대해 알아가고, 학생들이 저의 목표 진행 상황을 물어 보고 저의 SDLMI 목표 달성을 응원해 주는 것은 큰 즐거움이었습니다.

- Annette F. McDonald, 로렌스 프리 스테이츠 고등학교,
수학 및 SDLMI 교사 -

[그림 7-1] **나의 SDLMI 이야기: 자기결정은 나의 모든 학생에게 꼭 필요한 요소이다**

5장에서 우리는 SDLMI를 실행하기 위한 계층적 지원 틀에 대해 설명했으며, 여기에는 3단계의 증거기반의, 문화적으로 지속가능한, 보편적으로 설계된 교수가 포함되었다. 계층적 지원은 지

원의 강도와 개별화를 증가시키며, 여기에는 (a) **모든** 학생을 대상으로 한 1단계 또는 보편적 교수, (b) 2단계 또는 추가적인 표적화된 교수, (c) 학생의 지원 요구에 따라 개별화될 수 있는 3단계 또는 가장 집중적인 지원이 포함된다(Thurlow et al., 2020). 계층적 모델의 중요한 공통 특징은 이러한 단계가 누적적이라는 것인데, 이것은 추가적인 교수(예: 2단계 또는 3단계 지원)가 필요하다고 판단된 장애 학생이나 비장애 학생이 보편적인 1단계 교수에 더해서 추가로 보다 표적화된 교수를 받게 된다는 것을 의미한다(Thurlow et al., 2020). 계층적 모델의 또 다른 중요한 특징은 지원 수준이 교육 배치와 동일하지는 않다는 것이다. 사실, 모든 학생이 각 단계를 거쳐 더 집중적인 교육을 받는 동안 모든 교수는 통합학급 활동 내에 삽입될 수 있고 그래야만 한다(Sailor, 2008).

이 장에서는 SDLMI에 대한 교육을 받은 교사 및 기타 전문가들이 SDLMI를 1단계 또는 보편적 지원으로 활용하여 통합환경의 모든 학생을 SDLMI에 참여시키는 방법에 초점을 둔다. 우리는 1단계의 핵심 실행 정보와 함께, 교육받은 실행자들이 통합 환경에서의 자연적 지원(예: 또래 지원)을 활용하면서, 학생들이 12개 학생 질문에 답변하는 데 참여하도록 하기 위해 교사 목표와 교수적 지원을 활용할 수 있는 구체적인 방법을 공유한다. 마지막으로, 우리는 SDLMI를 활용하여 자기결정을 증진한 학생들과 통합환경에서 학생들이 학습 목표를 달성하도록 지원했던 학교 리더들의 목소리를 들려주고자 한다.

통합 환경에서 SDLMI 활용: 핵심 실행 정보

SDLMI가 통합 환경에서 보편적 또는 1단계 지원으로 실행될 때, SDLMI 실행이 진행 중인 교수(예: 일반교육과정)에 삽입될 수 있도록 계획하는 것이 중요하다. 더 많은 교수 시간에 대한 지속적인 요구가 있지만, SDLMI를 활용하는 것은 학생들에게 학습에 참여하고 자기 주도적인 학습을 시작할 수 있는 공평한 기회를 제공한다. 다음 절에서 우리는 SDLMI 실행자들이 통합 환경에서 SDLMI를 활용할 때 고려해야 할 핵심 실행 정보(예: SDLMI 수업 빈도와 길이, 학생 목표의 초점)를 강조한다.

전체 학급 실행 일정

[그림 7-2]는 한 학기 동안 전체 학급을 대상으로 한 SDLMI 교수를 위한 예시 일정을 보여 준다. SDLMI 회기는 일반적으로 주 2회, 약 15분 동안 진행되며, 12개 학생 질문과 관련된 교사 목표와 일치하는 특정 수업 목표에 중점을 둔다. 2장에서 언급했듯이, 학교 환경에서 교사들은 학기당 한 번씩 SDLMI의 세 단계에 학생들을 참여하도록 하는데, 이는 학생들이 한 학년도에 두 번씩 통합학급에서 SDLMI 전 과정을 거치면서 두 가지 목표를 설정하고 이를 달성하기 위해 노력하게 함을 의미한다. 연간 두 번의 SDLMI 사이클은 학생들이 목표를 설정하고, 목표를 달성하기 위한 계획을 세우고 실행하며, 그 목표나 실행 계획을 스스로 평가할 수 있는 반복적인 기회와 경험을 제공한다. 전체 학급을 대상

으로 한 SDLMI 수업은 약 15분 동안 진행되지만, 교사들은 학생들의 지원 요구와 다른 상황적 요인(예: 단축된 학교 일정이나 낮은 출석률, 또는 반대로 높은 학생 참여와 학생 토론 기회 증가)에 따라 특정 수업을 단축하거나 연장할 수 있다. 또한 학교 휴식 기간, 시험 일정 등에 따라 일정에 일부 조정이 있을 수 있지만, 주 2회 수업에 학생들을 참여시키는 것은 목표와 실행 계획을 그들의 학습의 중심에 두고 유지하게 한다. 2장에서 언급한 다른 SDLMI 실행 일정과 마찬가지로, 전체 학급을 대상으로 한 SDLMI 교수는 자기결정평가: 학생 보고(SDI:SR; Shogren & Wehmeyer, 2017)로 시작하여 학생들이 결정하기, 행동하기, 믿기 영역에 걸쳐 자신의 강점과 성장 영역을 파악할 수 있도록 지원한다. 그런 다음, 학생들은 자기결정에 대해 배우고 스스로 정의할 수 있도록 일련의 예비 대화에 참여한다. 교사들은 또한 SDLMI와 SDLMI 관련 핵심 용어(목표, 실행 계획, 자기 평가)를 소개한다. 학생들은 SDLMI를 적용할 때 자신이 맡은 역할(자기옹호자, 자기주도적 학습자, 능동적 학습자)과 그들의 교사의 역할(교수자, 촉진자, 옹호자)에 대해 배운다.

[그림 7-2]에서 강조된 것처럼, 전체 학급 교수는 예비 대화 이후에, 12개의 학생 질문에 간단히 참여할 수 있는 기회를 포함하는데(즉, 한 수업당 2개의 학생 질문에만 집중), 이때는 수업 내용과 관련이 없고, 보통 재미있고 동기부여가 잘 되는 목표(예: 특정 비디오 게임에서 실력 향상하기, 자동차를 사기 위해 저축하기)를 정한다. SDLMI를 통한 이와 같은 짧은 체험은 전체 학급의 학생들을 지원할 때 몇 가지 이점이 있다. 첫째, 학생들은 12개의 학생 질문

을 통해 주요 내용교과와 직접적인 관련이 없고, 대신 개인의 관심 영역과 관련하여 스스로 선정한 목표로 연습을 하면서 SDLMI의 세 단계 과정에 대해 이해할 수 있는 기회를 가진다. 둘째, 학생들은 처음으로 SDLMI를 사용할 때 내용교과 영역보다 개인적으로 더 흥미로운 주제에 대한 대화에 더 잘 참여하는 경향이 있으므로 교사와의 신뢰 관계를 형성하는 데 도움이 된다. 셋째, 이 전략은 교사가 본격적인 교과 목표를 시작하기 전에 저위험 목표로 SDLMI 학습 과정을 설명할 수 있게 한다. 또한 교사들은 학생들이 핵심 교과 내용과 무관한 자신의 목표 영역에 대해 가족들과 논의하도록 장려함으로써, 학생, 가족, 교사 간의 파트너십과 소통을 증진한다. 내용교과 영역과 무관한 관심 영역에서의 연습 목표를 통해 SDLMI의 세 단계를 진행한 후, 학생들은 이제 핵심 교과 목표를 위해 SDLMI를 시작할 준비가 되어 있다. 교과 내용과 무관한 목표로 SDLMI '연습'을 빠르게 마친 후, 학생들은 1단계 목표 설정을 시작하면서 '목표 범주'(5장에서 설명됨)를 소개받게 된다.

SDLMI 실행 일정 예시-한 학기			
주	날짜	미니-수업 주제	미니-수업 내용
1	1/18(수)	WC #1 SDI:SR 사전검사	SDI:SR 온라인 검사 실행
	1/20(금)	WC #2 자기결정 소개	자기결정 소개
2	1/25(수)	WC #3 SDLMI	SDLMI에 대해 설명
	1/27/(금)	WC #4: 역할 및 SDLMI 핵심 용어	SDLMI 핵심 용어 및 학생/교사 역할
3	2/1(수)	WC #5: 학생 질문 1-2	SQ 1-2: 주요 내용교과와 관련없는 목표로
	2/3(금)	WC #6: 학생 질문 3-4	SQ 3-4: 주요 내용교과와 관련없는 목표로
4	2/8(수)	WC #7: 학생 질문 5-6	SQ 5-6: 주요 내용교과와 관련없는 목표로
	2/10(금)	WC #8: 학생 질문 7-8	SQ 7-8: 주요 내용교과와 관련없는 목표로
5	2/15(수)	WC #9: 학생 질문 9-10	SQ 9-10: 주요 내용교과와 관련없는 목표로
	2/20(월)	WC#10: 학생 질문 11-12	SQ 11-12: 주요 내용교과와 관련없는 목표로
6	2/22(수)	WC #11: 학생 질문 1	SQ 1: 내가 배우고 싶은 것은 무엇인가? (주요 내용교과 관련 목표로)
	2/26(월)	WC #12: 학생 질문 2	SQ 2: 그것에 대해 내가 지금 알고 있는 것은 무엇인가? (주요 내용교과 관련 목표로)
7	3/1(수)	WC #13: 학생 질문 3	SQ 3: 내가 모르는 것을 배우기 위해 무엇이 변해야 하는가?(주요 내용교과 관련 목표로)
	3/3(금)	WC #14: 학생 질문 4	SQ 4: 이것을 이루기 위해 내가 할 수 있는 것은 무엇인가?(주요 내용교과 관련 목표로)
8	3/8(수)	WC #15: GAS 파트 1	GAS를 이용하여 개별적으로 목표를 쓰고 공유, GAS 파트 1을 온라인으로 작성
	3/10(금)	수업 없음-교사 연수	
SDLMI 실행 일정 예시(계속)			
9	3/15(수)	WC #16: 학생 질문 5	SQ 5: 모르는 것을 배우기 위해 내가 할 수 있는 것은 무엇인가?(주요 내용교과 관련 목표로)
	3/17(금)	WC #17: 학생 질문 6	SQ 6: 내가 계획을 실행하는 데 방해가 될 수 있는 것은 무엇인가?(주요 내용교과 관련 목표로)
10	3/22(수)	수업 없음-봄방학	
	3/24(금)	수업 없음-봄방학	
11	3/29(수)	WC #18: 진행 과정 검토	일주일 쉬고 나서 계획의 진행 과정 점검
	3/31(금)	WC #19: 학생 질문 7	SQ 7: 이러한 장애물을 제거하기 위해 내가 할 수 있는 것은 무엇인가?(주요 내용교과 관련 목표로)
12	4/5(수)	WC #20: 학생 질문 8	SQ 8: 나는 언제 계획을 실행할 것인가? (주요 내용교과 관련 목표로)
	4/7(금)	수업 없음-부모/교사 협의회	
13	4/12(수)	수업 없음-부모/교사 협의회	
	4/14(금)	WC #21: 학생 질문 9	SQ 9: 내가 실행한 계획은 무엇인가?(주요 내용교과 관련 목표로)
14	4/19(수)	WC #22: 학생 질문 10	SQ 10: 어떤 장애물이 제거되었는가?(주요 내용교과 관련 목표로)
	4/21(금)	WC #23: 학생 질문 11	SQ 11: 내가 모르던 것에 대해 어떤 변화가 있었는가?(주요 내용교과 관련 목표로)
15	4/26(수)	WC #24: 학생 질문 12	SQ 12: 내가 알고 싶었던 것을 알게 되었는가?(주요 내용교과 관련 목표로)
	4/28(금)	WC #25: SDI 및 GAS 파트 2	SDI:SR 및 GAS 파트2 실행, 과정에 대한 성찰, 다음 목표 계획
16	5/3(수)	WC #26: 축하	목표를 위한 노력에 축하

*비고: WC(Whole-Class)-전체 학급, SQ(Student Questions)-학생 질문

[그림 7-2] SDLMI 전체 학급 실행 일정 예시

전체 학급 SDLMI 목표 범주

SDLMI를 학급 전체에서 실행할 때, 교사들은 그들이 교수를 통해 목표로 삼고 싶은 광범위한 목표 영역(예: 준비도, 노트 필기, 수학, 과학, 영어와 같은 교과와 관련된 특정 내용 전략)을 선택할 수 있다. 또한 학생들이 하나의 목표 영역을 선택하고 해당 목표 영역 내에서 개별화된 학습 목표를 개발하도록 지원할 수 있다. 예를 들어, 만약 한 학생이 준비도에 대한 목표 범주를 선택한다면, 구체적인 목표는 '나는 영어 시간에 읽는 책을 매일 가져와서, 읽은 후에는 매일 밤 책을 내 가방에 넣어 두어 잊지 않도록 할 것이다'가 될 수 있다. 이 맥락에서, 교수의 중심 목표는 여전히 추구되지만(예: 책 읽고 주요 주제 파악하기), 학생들은 개인적이고 구체적인 학습 목표를 설정함으로써 그 교육과정 목표를 달성하기 위해 필요한 단계들을 거치면서 더 많은 책임과 주인의식을 가진다. 학생들은 해당 목표 영역과 관련된 현재 상태를 성찰할 기회를 갖는다. SDLMI 실행자는 학생들이 SDLMI의 세 단계를 진행하면서 목표로 삼고자 하는 구체적인 목표들에 대해 생각하고 확인하도록 지원한다. 학생들은 목표를 달성한 후, 학습을 계속하기 위해 이 광범위한 영역과 관련된 또 다른 목표나 다른 영역을 선택할 수 있다. 이렇게 함으로써 교사는 학생들이 스스로 파악한 자신의 강점과 필요 영역에 따라 목표를 개별화할 수 있도록 하고, 학급의 모든 학생이 목표 설정과 평가를 관리할 수 있도록 목표 영역의 범위를 좁힌다. 만약 어떤 목표 영역도 해당 학생에게 적용되지 않는다면, 교사는 학생과 함께 목표 영역에 대한 추가적인 개별화와 이후의 구체적인 학습 목표에 대해 논의할 수 있다.

전체 학급 SDLMI 참여 전략

전체 학급에 SDLMI를 적용하는 것은 자연스러운 지원을 활용하고 학생들이 서로의 목표 설정과 달성 과정을 지원할 수 있는 기회를 제공한다. 예를 들어, 교사는 학생들의 목표 범주 선택(예: 노트 필기)에 따라 학생들을 소그룹으로 나누고, 2단계 계획 및 실행에 참여하면서 그들이 파악한 장애물과 지원을 논의하도록 촉진할 수 있다. 또한 학생들은 서로를 위해 도움이 될 수 있는 책무성 점검자로서 역할을 할 수 있다(예: 한 학생이 또래에게 "내일 퀴즈가 있으니 오늘 만든 플래시카드를 복습하는 걸 잊지 마"라고 상기시키는 경우). 교사는 또래 지원이 서로에게 유익한지 확실히 하기 위해 학생들과 지속적으로 점검해야 한다. 전체 학급 SDLMI 교수의 궁극적인 목표는 교실에서 목표를 설정하는 공동체를 만들고, 모든 사람이 서로의 지원을 통해 유익을 얻고 목표를 달성하도록 하는 것이다. 예를 들어, [그림 7-3]은 교사들이 학생 질문 9 "내가 실행한 계획은 무엇인가?"에 학생들이 답하도록 지원할 때 사용하는 SDLMI 자료를 보여 준다. 이 자료는 학생들이 목표를 위해 노력한 후 자신의 목표에 대해 알고 있는 것, 여전히 목표에 대해 알고 싶은 것, 목표를 달성하기 위한 과정에서 배운 점에 대한 자신의 초기 생각을 기록하게 함으로써 목표 달성을 위한 진행 상황을 스스로 평가하도록 촉진한다(교사 목표 9a). 초기 생각을 기록한 후, 학생들은 소그룹에서 자신의 성찰 내용을 토론하고 또래와 논의하면서 메모를 기록하도록 안내된다. 마지막으로, 이 자료는 학생들이 또래와 논의한 후 추가적인 성찰을 기록하도록 촉진한다.

통합 환경에서 SDLMI를 적용하는 것은 장애 학생과 비장애 학생을 포함한 모든 학생이 자신과 가족, 지역사회가 가치 있다고 여기는 목표를 설정하고 노력할 수 있는 환경을 조성할 수 있는 힘을 가지고 있다. 9장에서는 복합적 의사소통의 요구를 가진 학생들을 SDLMI에 참여시키기 위한 구체적인 지원 방법을 설명하지만, 여기서 강조된 모든 전략은 모든 학생의 자기결정 증진을 위해 공평한 기회를 제공하는 통합 환경에서 사용될 수 있고, 사용되어야 한다는 점을 주목할 필요가 있다.

SDLMI
Self-Determined Learning Model of Instruction

SDLMI 목표 K-W-L 자료

지시사항:

1. 아래의 초기 생각 부분을 작성하며, (1) 현재 목표에 대해 알고 있는 것, (2) 목표에 대해 더 알고 싶은 것, (3) 목표를 달성하기 위한 과정에서 배운 것을 곰곰이 생각해 보세요.
2. 초기 생각을 소그룹에서 토론하고, 나눈 내용을 해당 부분에 작성하세요.
3. 아래의 최종 생각 부분을 작성하며, 다음 SDLMI 진행을 위해 생각하고 있는 것을 정리해 보세요.

	현재 목표에 대해 내가 알고 있는 것(know)은 무엇인가?	목표에 대해 내가 더 알고 싶은 것(what to know)은 무엇인가?	목표를 달성하기 위한 과정에서 내가 배운 것(learned)은 무엇인가?
초기 생각			
토론 내용			
최종 생각			

[그림 7-3] SDLMI 전체 학급 학생 질문 9 자료 예시

참고문헌

Lombardi, A., Freeman, J., & Rifenbark, G. (2018). Modeling college and career readiness for adolescents with and without disabilities: A bifactor approach. *Exceptional Children, 84*(2), 159–176. https://doi.org/10.1177/0014402917731557

Raley, S. K., Shogren, K. A., Rifenbark, G. G., Lane, K. L., & Pace, J. R. (2021). The impact of the Self-Determined Learning Model of Instruction on student self-determination in inclusive, secondary classrooms. *Remedial and Special Education, 42*(6), 363–373. https://doi.org/10 .1177/0741932520984842

Rowe, D. A., Mazzotti, V. L., Fowler, C. H., Test, D. W., Mitchell, V. J., Clark, K. A., Holzberg, D., Owens, T. L., Rusher, D., Seaman-Tullis, R. L., Gushanas, C. M., Castle, H., Chang, W.-H., Voggt, A., Kwiatek, S., & Dean, C. (2021). Updating the secondary transition research base: Evidence-and research-based practices in functional skills. *Career Development and Transition for Exceptional Individuals, 44*(1), 28–46. https://doi.org/10.1177/2165143420958674

Sailor, W. (2008). Access to the general curriculum: Systems change or tinker some more? *Research and Practice for Persons with Severe Disabilities, 34*(1), 249–257. https://doi.org/10.2511/rpsd.33.4.249

Shogren, K. A., Hicks, T. A., Raley, S. K., Pace, J. R., Rifenbark, G.

G., & Lane, K. L. (2021). Student and teacher perceptions of goal attainment during intervention with the Self-Determined Learning Model of Instruction. *The Journal of Special Education, 55*(2), 101–112. https://doi.org/10.1177/0022466920950264

Shogren, K. A., & Wehmeyer, M. L. (2017). Self-Determination Inventory: Student-Report. Kansas University Center on Developmental Disabilities.

Shogren, K. A., Wehmeyer, M. L., & Lane, K. L. (2016). Embedding interventions to promote self-determination within multi-tiered systems of supports. *Exceptionality, 24*(4), 213–224. https://doi.org/10.1080/09362835.2015.1064421

Thurlow, M. L., Ghere, G., Lazarus, S. S., & Liu, K. K. (2020). *MTSS for all: Including students with the most significant cognitive disabilities*. National Center on Educational Outcomes; TIES Center. https://nceo.umn.edu/docs/OnlinePubs/NCEOBriefMTSS.pdf

Ward, M. J. (2005). An historical perspective of self-determination in special education: Accomplishments and challenges. *Research and Practice for Persons with Severe Disabilities, 30*(3), 108–112. https://doi.org/10.2511/rpsd.30.3.108

제 8 장

전환계획과 SDLMI

> 우리는 학생들이 성인기로의 전환을 준비할 때 그들의 꿈을 꺾으려고 여기에 있는 것이 아닙니다. 오히려, 우리는 그들이 자신의 삶에서 중요하다고 여기는 목표를 설정하고 이를 이루기 위해 노력하는 과정에서 우리의 지원을 통해 그들의 자기결정을 강화하고자 합니다.
>
> (Kristin Luetschwager와 MiQuela Brown, 중학교 특수교사 및 SDLMI 교사)

여러분은 자기결정교수학습모델(SDLMI)과 그 핵심 요소들(2장), 연구 기반의 실제(3장), 그리고 계층화된 지원 체계(5장)를 사용하여 이를 어떻게 실행할 수 있는지에 대해 배웠다. 이를 통해 모든 학생이 자기결정 능력, 기술 및 태도를 배우고 사용하는 데 필요한 지원을 받을 수 있도록 보장할 수 있다. 6장에서는 모든 학생의 문화적 정체성과 지식 자원이 존중받고, 기념되며, 목표 설정(1단계), 목표 달성을 위한 실행 계획 수립(2단계), 그리고 진행 상황 평가(3단계)에 통합될 수 있도록 SDLMI에 문화감응교수 실제를 접목하는 방법에 대해 배웠다. 7장에서는 **모든** 학생이 자기결정을 함양할 수 있도록 지원하기 위해 통합 환경에서 SDLMI를 적용할 수 있는 방법에 대해 배웠다. 이제는 통합학급의 핵심 내용 교과 수업에서 제공되는 자기결정 교수를 위한 기회를 구축하고 강화하면서, SDLMI가 학교에서 성인 생활로의 전환을 계획하는 데 어떻게 적용될 수 있는지에 대해 배울 차례이다. **전환계획**(transition planning)은 모든 학생에게 필수적이며, 모든 학생을 위해 일반 중등 교육과정에서 점점 더 중요한 목표가 되고 있다. 이 장에서 설명하는 자료와 전략은 모든 학생에게 적용될 수 있다. 그러나 특히 성인기에 다가가는 장애 청소년들에게 전환계획의 중요성은 학교 졸업 후 성과에서의 지속되는 격차를 변화시키는 데 필수적인 요소로 오랫동안 인식되어 왔다(Shogren & Wehmeyer, 2020). 전환계획을 위한 지원은 효과적인 중등 특수교육 서비스와 지원의 핵심 요소이며, 이러한 노력에서 자기결정은 중요한 초점이 되어야 한다. 결국, 이것이 학생의 미래이기 때문이다!

2004년 「장애인교육개선법(Individuals with Disabilities Education Improvement Act: IDEIA)」은 16세에 개별화교육프로그램(IEP)을 가진 모든 장애 학생이 전환계획에 접근할 수 있어야 한다고 요구하고 있으며, 이는 다음과 같은 정의에 기반한다.

> 전환 서비스란 장애 아동을 위한 협응된 일련의 활동을 의미하는 것으로, (a) 학교에서 졸업 이후 활동으로의 전환을 촉진하기 위해 장애 아동의 학업적, 기능적 성취 향상에 초점을 두는 결과 지향적 과정 안에서 계획되고, 중등 이후 교육, 직업교육, 통합 및 지원고용, 평생교육 및 성인교육, 성인 서비스, 자립생활, 또는 지역사회 참여를

포함하며, (b) 아동의 강점, 선호, 흥미를 고려한 개별 아동의 요구에 기초한다.

중등 이후 교육, 고용, 지역사회 생활 및 참여를 위한 목표들은 효과적인 전환계획에 필수적이며, 여기에서 SDLMI를 활용하여 학생들이 전환계획을 이끄는 목표를 설정하도록 지원할 수 있다. 이는 청소년들에게 자기결정 능력과 기술을 연습하고 정교화할 수 있는 더 많은 기회를 만들며, 특히 이들이 일반교육과정과 보편적인 1단계의 자기결정 지원의 일환으로 이러한 내용을 배우고 있을 때 관련 기회가 더욱 강화된다.

전환계획에서 SDLMI 활용: 핵심 실행 정보

전환계획에 도움을 주고자 SDLMI를 활용하는 교사들을 지원하기 위해, 청소년들이 SDLMI 핵심 구성요소(학생 질문, 교사 목표, 교수적 지원)를 활용하여 가족, 친구, 지역사회 네트워크와 협력하면서 전환목표를 설정하고 실행할 수 있는 방법을 안내하는 구체적인 자료와 자원이 개발되었다(Shogren et al., 2019). 이 자료에는 SDLMI의 세 단계(1단계-목표 설정; 2단계-계획 및 실행; 3단계-목표 또는 계획 수정)를 중심으로 구성된 22개의 수업이 포함되어 있다. 이 수업들은 SDLMI를 전환계획 활동에 통합하고, 학생들이 학교에서부터 성인의 역할과 책임으로 이동하는 것과 관련된 목표를 설정하는 과정을 스스로 주도하도록 지원하는 데 중점을 둔다. SDLMI 전환계획은 2단계 지원으로서 소그룹 또는 전환에 초점을 둔 일대일 교수의 형태로 실시될 수 있다. SDLMI 전환계획의 활용 방법은 학생의 요구와 가능한 수업 시간에 기반을 두어야 한다. SDLMI 전환계획은 또한 3단계 지원으로서 더 목표 지향적이고 집중적인 전환계획 교수를 제공하는 다른 교육과정과 결합될 수 있다[예: 누구의 미래인가(Whose Future Is It) 또는 자기주도 IEP(Self-Directed IEP); Burke et al., 2019; Raley et al., in press].

전환계획 실행 일정

SDLMI 전환계획을 위한 22개의 수업은 7장에서 읽었던 통합학급 교실에서 SDLMI를 지원하기 위해 개발된 수업에 비해 더 깊이 있고 목표 지향적인 교수를 가능하게 한다. 각 SDLMI 전환계획 수업은 약 30~45분이 소요되며, 전환과 관련된 목표 설정 및 달성을 지원하기 위해 자기결정 기술과 능력을 함양하는 것과 관련된 주요 목표에 중점을 둔다. 학생들은 약 16주 또는 한 학기 동안 주 2회 수업을 통해 SDLMI의 한 주기를 완료한다. SDLMI 전환계획 실행 일정의 예시는 [그림 8-1]과 같다. 이러한 일정은 SDLMI를 학기마다 되풀이되는 반복적 과정이 되게 하여 청소년들이 고등학교를 졸업한 후 중등 이후 교육, 고용, 지역사회 생활 및 참여를 포함한 여러 영역을 아우르는 목표를 지속적으로 다듬고 발전시킬 수 있는 기회를 제공한다.

SDLMI 전환계획 실행 일정 예시-한 학기			
주	날짜	미니-수업 주제	미니-수업 내용
1	9/16(수)	#1 SDI:SR 사전검사	TP1 자기결정 평가:학생보고(SDI:SR) 사전검사
	9/18(금)	#2 예비 대화	TP2 자기결정 소개
2	9/23(수)	#3 예비 대화	TP3 목표
	9/25(금)	#4 예비 대화	TP4 SDLMI, 역할, 및 핵심 용어
3	9/30(수)	#5 1단계: 목표 설정	TP5 학생 질문 1: 내가 배우고 싶은 것은 무엇인가?
	10/2(금)	#6 1단계: 목표 설정	TP6 학생 질문 2: 그것에 대해 내가 지금 알고 있는 것은 무엇인가?
4	10/7(수)	#7 1단계: 목표 설정	TP7 학생 질문 3: 내가 모르는 것을 배우기 위해 무엇이 변해야 하는가?
	10/9(금)	#8 1단계: 목표 설정	TP8 학생 질문 4: 이것을 이루기 위해 내가 할 수 있는 것은 무엇인가?
5	10/14(수)	#9 GAS 파트1	TP9 목표달성척도(GAS) 파트1: 목표 설정
	10/16(금)	#10 2단계: 계획 및 실행	TP10 학생 질문 5: 모르는 것을 배우기 위해 내가 할 수 있는 것은 무엇인가?
6	10/21(수)	#11 2단계: 계획 및 실행	TP11 학생 질문 6: 내가 계획을 실행하는 데 방해가 될 수 있는 것은 무엇인가?
	10/23(금)	수업 없음-교사 연수	
7	10/28(수)	#12 2단계 중간 점검	TP12 2단계 중간 점검
	10/30(금)	#13 2단계: 계획 및 실행	TP13 학생 질문 7: 이러한 장애물을 제거하기 위해 내가 할 수 있는 것은 무엇인가?
8	11/4(수)	#14 2단계: 계획 및 실행	TP14 학생 질문 8: 나는 언제 계획을 실행할 것인가?
	11/6(금)	#15 2단계 종료 점검	TP15 2단계 종료 점검
9	11/11(수)	수업 없음-교사연수	
	11/13(금)	#16 3단계: 목표 또는 계획 수정	TP16 학생 질문 9: 내가 실행한 계획은 무엇인가?
10	11/18(수)	#17 3단계: 목표 또는 계획 수정	TP17 학생 질문 10.: 어떤 장애물이 제거되었는가?
	11/20(금)	#18 3단계: 목표 또는 계획 수정	TP18 학생 질문 11: 내가 모르던 것에 대해 어떤 변화가 있었는가?
11	11/25(수)	수업 없음-가을방학	
	11/27(금)	수업 없음-가을방학	
12	12/2(수)	#19 3단계: 목표 또는 계획 수정	TP19 학생 질문 12: 내가 알고 싶었던 것을 알게 되었는가?
	12/4(금)	#20 GAS 파트2	TP20 목표달성척도(GAS) 파트2: 목표달성 여부 확인
13	12/9(수)	#21 SDI:SR 사후검사	TP21 자기결정 평가:학생보고(SDI:SR) 사후검사
	12/11(금)	#22 축하!	TP22 목표에 대한 노력에 축하!

*비고: TP(Transition Planning)-전환계획

[그림 8-1] SDLMI 전환계획 실행 일정 예시

각 SDLMI 전환계획 수업에는 수업 계획, 파워포인트, 그리고 필요할 때 교육자들이 학생들이 학생 질문에 답하고 그들의 진행 상황을 문서화하는 데 사용할 수 있는 자료가 포함되어 있다. [그림 8-2]는 SDLMI 전환계획 수업 중 학생 질문 4: "이것을 이루기 위해 내가 할 수 있는 것은 무엇인가?"에 초점을 맞춘 예시 자료를 보여 준다. 이 자료는 전환 연령기의 학생들이 전환계획과 관련된 측정 가능하고, 관찰가능한 구체적인 목표를 설정할 수 있도록 지원한다. 이러한 자료들은 각 교사의 교수 스타일과 학생 지원 요구에 맞게 조정될 수 있고, 조정되어야 한다(Burke et al., 2019). 예를 들어, 9장에서는 복합적 의사소통 요구를 가진 학생들을 위해 SDLMI 자료를 개별화하는 방법을 강조할 것이다.

SDLMI
Self-Determined Learning Model of Instruction

목표 연습하기

지시사항:

1. 아래 상자에 있는 '측정 가능' '관찰 가능' '구체적'이라는 정의를 검토하세요.
2. 각 항목에 대해 예시가 아닌 것을 확인한 다음 '측정 가능' '관찰 가능' 또는 '구체적'인 목표의 예시를 작성하거나 입력하세요.
3. 자신의 **목표에 따라**, '측정 가능' '관찰 가능' 그리고 '구체적'인 목표를 작성하세요.

모든 목표는 측정 가능, 관찰 가능, 구체적이어야 합니다.

측정 가능
셀 수 있거나 수량화할 수 있는 것

부적절한 예: '내가 원하는 직업에 대해 조사하기'–이것을 어떻게 측정할 수 있을까?

적절한 예: ____________________

관찰 가능
보고, 들을 수 있고, 실제로 발생했는지 여부를 말할 수 있는 것

부적절한 예: '직업에 대해 배우기' – 이것을 어떻게 관찰할 수 있을까?

적절한 예: ____________________

구체적
명확하게 식별되고 정의된 것

부적절한 예: '직업 박람회에 가기' – 이것이 명확하게 정의된 것인가?

적절한 예: ____________________

이제 자신의 목표를 '측정 가능' '관찰 가능' 그리고 '구체적'으로 작성해 보세요!

____

[그림 8-2] SDLMI 전환계획 학생 질문 4 자료 예시

전환계획 목표 범주

SDLMI 전환계획의 주요 초점 중 하나는 학생들이 고등학교 졸업 후 맡고자 하는 역할과 책임으로 나아갈 수 있도록 목표를 명확히 설정하는 것이다. 이러한 이유로, SDLMI 전환계획을 위한 목표 범주는 주요 전환 영역인 중등 이후 교육, 고용, 지역사회 참여에 초점을 맞추고 있다. 이들 목표 범주를 통해 교사들은 학생들이 목표 설정 과정을 스스로 주도하도록 안내하면서도, 여전히 그 목표가 전환계획과 관련되도록 할 수 있다. 예를 들어, 고용과 관련된 목표 범주를 선택한 학생들은 졸업 후 고용을 위한 계획을 확인하는 과정에서 그들이 어디에 있는지에 따라, 직업 관심 분야 탐색하기, 특정 직업에 필요한 기술이나 훈련 확인하기, 관심 있는 직업을 가진 사람을 따라다니면서 관찰하기, 또는 인턴십이나 직업 경험을 찾기 등에 초점을 맞출 수 있다. 마찬가지로, 중등 이후 교육과 관련된 목표 범주를 선택한 학생들을 위한 목표들은 서로 다른 대학 유형 및 훈련 프로그램, 단과대학 및 종합대학에서의 장애 지원, 대학지원 자격, 대학생의 전형적인 하루 일과 등을 포함하여 대학의 옵션과 자원을 탐색하는 데 초점을 둘 수 있다.

학생들은 여러 학기에 걸쳐 SDLMI를 활용하여 동일한 목표 범주 내에서 더 목표 지향적이고 구체적인 목표를 개발할 수도 있다. 또는 한 학기 동안은 고용 옵션을 탐색하고, 다른 학기에는 지역사회 내 주거 옵션을 탐색하는 등 여러 목표 범주에 걸쳐 탐색할 수도 있다. 목표 범주를 선택하는 과정은 각 학생의 관심사, 지원 요구, 전환계획 우선순위에 따라 개별화될 수 있고, 그래야만 한다. SDLMI 과정의 일부는 이러한 영역을 탐색하도록 지원하는 것이라는 것을 인지하는 것도 중요하다. 목표와 우선순위에서의 변화들은 SDLMI를 반복하는 과정에서 발생할 수 있는데, 초기 목표들을 불가능하거나 비현실적이라고 무조건 배제하는 것이 아니라 학생들이 탐색할 수 있도록 하고 이를 통해 학습을 유도하는 데 초점이 있다는 것을 명심해야 한다. 예를 들어, SDLMI는 학생들이 실현 가능성이 낮은 진로(예: 프로 축구 선수나 배우)를 탐색할 수 있도록 하는 과정을 제공하는데, 이러한 목표는 여전히 배울 가치가 있으며, 특히 관심사를 지속적으로 정교화하고 강점을 진로 옵션에 맞추도록 안내하는 데 유용하다. [그림 8-3], **우리의 SDLMI 이야기**에서는 중학교 특수교사 및 SDLMI 교사인 Kristin Luetschwager와 MiQuela Brown이 어떻게 SDLMI를 통해 학생들이 스스로 자신의 목표를 설정하는 과정을 주도할 수 있도록 그들의 접근 방식을 전환했는지 보여 준다.

MiQuela와 Kristin은 2021~2022학년도 동안 Arkansas 주 교육청이 주 전체에서 SDLMI 활용을 확대하기 위해 시작한 파일럿 프로그램을 통해 처음 SDLMI를 알게 되었습니다. 그들은 "우리가 SDLMI에 끌린 이유는 SDLMI가 우리가 맡고 있는 8학년 학생들이 그들의 IEP의 일부로 전환계획에서 성공할 수 있도록 지원할 수 있다는 점이었어요."라고 설명했습니다. 그들이 보기에 전환은 생애주기에 걸쳐 일어나며(초등학교에서 중학교, 고등학교에서 성인기로의 전환 등) 그래서 SDLMI를 활용하는 것이 15세에서 16세가 되는 학생들에게 적합하다고 생각했습니다. MiQuela와 Kristin은 SDLMI의 활용이 그들에게 학생들이 미래에 대한 생각을 시작하고, 졸업과 고등학교 일정에 대한 계획을 세우도록 지원하는 기회를 제공한다고 보았습니다. 다음은 그들의 SDLMI 이야기입니다!

MiQuela는 8명의 8학년 학생들과 SDLMI를 진행했으며, 이들은 모두 운동과 관련된 목표에 관심을 보였습니다. 이들 모두는 프로 축구 선수나 농구 선수가 되고 싶다는 꿈을 가지고 있었습니다. MiQuela는 NFL 또는 NBA에서 활동하고 싶다는 학생들의 꿈을 깎아내리고 싶지 않았지만, 대신 대안에 대해서도 이야기할 것을 그들에게 제안했습니다. 학생들은 때때로 선수들이 다쳐 더 이상 스포츠를 할 수 없게 될 수 있고, 그렇게 된다면 무엇을 하고 싶을지에 대해 이야기를 나누었습니다. 또한 전문적인 대학 스포츠에서 뛰기 위해서 대학에 가야 한다는 것에 대해서도 이야기했습니다. 대학에서는 선수들이 단순히 운동만 하는 것이 아니라 전공을 공부하고 수업에도 참석해야 합니다. 학생들이 목표를 설정하는 SDLMI 1단계 수업 동안 MiQuela는 Arksansas Razorback 미식축구팀 명단을 온라인에서 찾아 보여 주고, 일부 운동 선수들이 자신의 전공으로 선택한 것이 무엇인지 보여 줌으로써 학생들에게 다른 운동 선수들이 선택한 전공이 무엇인지에 대한 아이디어를 제공했습니다. 이러한 대화는 학생들이 운동 외에 다른 관심사를 생각해 보게 도와주었고, 대학 전공을 조사하는 전환목표에 대해 흥미를 가질 수 있는 기회를 열어 주었습니다. 일부 학생들은 부상당할 경우를 대비해 운동 선수 대신 심지어 기술직에 관심을 보이기 시작했습니다. 그래서 NFL이나 NBA 선수가 되려는 목표는 비현실적이라고 판단되지 않았습니다(누가 그것을 결정할 수 있겠습니까?). 다만, MiQuela는 학생들이 SDLMI 단계를 진행하는 과정에서 그녀가 어떻게 학생들의 목표를 수용하며, 지원하고, 그들로부터 배울 수 있을지에 집중했습니다.

Kristin은 다양한 지원 요구(지적장애, 학습장애 등)를 가진 8학년 학생들과 SDLMI를 진행했습니다. 그녀는 SDLMI가 학생들이 무엇에 관심이 있는지에 대해 대화할 수 있는 길을 열어 주고, 이어서 학생들이 목표를 설정하고 그 목표를 달성하기 위한 실행 계획을 세우며, 그들의 진전을 평가하여 다음 전환목표에 반영할 수 있는 과정을 제공한다는 것을 발견했습니다. 두 명의 학생은 이미 직업 목표를 시작하고 있었는데, 한 명은 건축가가 되고 싶어 했고 다른 한 명은 상업용 트럭 운전사가 되고 싶어 했습니다. 다른 학생들은 자신의 미래에 대해 확신이 없었지만, 그것도 괜찮았습니다. 자기결정 평가(SDI) 보고를 사용해 Kristin과 그녀의 SDLMI 학생들은 자신들의 자기결정 강점과 결정하기, 행동하기, 믿기 영역에 걸쳐 성장이 필요한 영역을 협력하여 찾아냈습니다. 그 후, 학생들은 Kristin뿐만 아니라 서로 간에도 자기결정에서의 강점과 나아가야 할 다음 단계에 대해 대화할 수 있었습니다. Kristin은 SDLMI를 활용함으로써 학생들이 자신이 누구인지, 자기결정 및 전환목표를 향해 가기 위해 어떤 단계를 밟아야 하는지에 대한 더 나은 이해를 갖게 되었다고 느꼈습니다. MiQuela와 Kristin은 다음과 같이 말했습니다. "우리는 이 학생들이 SDLMI를 계속 활용하여 고등학교로의 전환과 그 이후까지 나아가는 모습을 어서 보고 싶어요!"

- MiQuela Brown과 Kristin Luetschwager,
Batesville 중학교, 특수교사 및 SDLMI 교사

[그림 8-3] **우리의 SDLMI 이야기: 비현실적인 목표라고 누가 결정하는가?**

전환계획 SDLMI 참여 전략

앞서 언급했듯이, SDLMI 전환계획 자료는 7장에서 다룬 것과 동일한 일반적인 일정과 SDLMI 핵심 구성요소를 통합하고 있다. 그러나 SDLMI 전환계획은 주요 전환 영역과 계획 활동에 중점을 둔 보다 집중적인 지원과 자료를 포함한다. 예를 들어, 1단계: 목표 설정에서 학생들이 학생 질문 1(내가 배우고 싶은 것은 무엇인

가?)에 답할 수 있도록 지원하기 위해 교사는 진로 적성 검사나 전환계획 목록(Patton & Tran, 2020)과 같은 다양한 전환 관련 평가에 학생들을 참여시킬 수 있다. 이것은 다양한 목적으로 활용될 수 있는데, 학생들이 자신의 관심사를 파악하는 데 도움을 줄 뿐 아니라 장애 학생들에게 IEP와 전환계획 회의에 가져갈 정보를 제공하고, 학생들의 SDLMI 목표에 맞는 전환 지원 및 서비스를 개발하는 데 영향을 줄 수 있다.

예를 들어, 1단계 종료 시 학생들이 목표를 확인하도록 돕기 위해 교사는 학생들이 목표 범주 내에서 다양한 관심 분야를 좁히고 SDLMI를 통해 좀 더 깊이 탐색하고 싶은 것들을 찾아낼 수 있도록 지원할 수 있다. 예를 들어, 전환계획 초기 단계에서는 학생들이 스포츠 매니지먼트나 외식 산업과 같은 특정 분야에서의 진로 학습을 지원하기 위해 지역사회에서 이용가능한 자원들을 조사하는 데 초점을 둘 수 있다. 이는 학생들이 가족과 소통하고 자신이 배우고 있는 내용을 공유하며, 가족이 자신의 목표와 지원 요구에 대해 어떻게 생각하는지 의견을 얻을 수 있는 자연스러운 기회를 제공한다. 교사는 SDLMI 목표 및 전환계획에 관한 학생-가족-학교 간의 의사소통을 강화하는 데 중점을 둔 SDLMI 전환계획 자료를 활용할 수 있다.

SDLMI 전환계획 교수 동안에 학생들은 자신의 자기결정과 목표 달성에 대한 기대를 되돌아보기 위해 4장에서 설명한 자기결정 평가(Self-Determination Inventory)와 목표달성척도(Goal Attainment Scaling: GAS)를 사용한다. 이것은 학생들이 자신의 목표를 향한 진전을 이루기 위해 2단계에서 실행 계획을 세우는 과정에서 학생에게 방향을 제시할 수 있다. 이 과정은 학생들이 전환목표를 향해 나아가는 단계들을 축하하고, 학교에서부터 성인의 역할과 책임으로 나아갈 준비를 하면서 더 배울 필요가 있는 것이 무엇인지에 대해 지속적인 성찰을 할 수 있는 자연스러운 기회를 만든다(3단계). 이러한 성찰은 또한 장애인들이 경험하는 의미 있는 성인기 성과에 대한 장벽을 논의할 수 있는 자연스러운 기회를 만들 수 있고, 모든 사람이 성인으로서 삶을 영위할 수 있도록 공평한 기회를 만들기 위해 변화해야 할 구조적 문제를 논의하는 계기가 될 수 있다.

구조적 문제에 대해 이야기하고 인종 및 장애 정의에 대한 학습을 통합하는 것은 문화감응교수 실제를 발전시키는 매우 효과적인 방법이 될 수 있다(6장). 예를 들어, 지역사회의 장애인 리더들은 멘토로서 장애인 공동체가 가진 지식 자원을 활용하고, 학생들이 자신의 목표를 지속적으로 정교화해 가는 데 학생과 협력하고, SDLMI의 다음 단계를 위한 준비를 하는 데 도움을 줄 수 있다. SDLMI 교수의 어떤 단계에서든 장애인 리더들은 지역사회에서의 옹호에 대한 실제 사례를 공유할 수 있다. 학생들은 가족, 교사, IEP 팀원, 또래 및 멘토를 포함한 다른 사람들과 자신이 배운 내용을 공유할 수 있다. 장애 및 문화적 정의(justice) 공동체에 대한 멘토십을 구축하고 접근성을 강화하는 것은 학생들이 SDLMI를 통해 배운 내용을 학교 안팎에서 실행하게 하는 데 도움을 줄 수 있는 지역사회 네트워크를 형성하는 필수적인 방법이 될 수 있다.

참고문헌

Burke, K. M., Shogren, K. A., Antosh, A. A., LaPlante, T., & Masterson, L. H. (2019). Implementing the SDLMI with students with significant support needs during transition planning. *Career Development and Transition for Exceptional Individuals, 43*(2), 115–121. https://doi.org/10.1177/2165143419887858

Individuals With Disabilities Education Improvement Act, H. R. 1350, 108th Congress. 2004.

Patton, J. R., & Tran, L. M. (2020). Transition assessment. In K. A. Shogren & M. L. Wehmeyer (Eds.), *Handbook of adolescent transition education for youth with disabilities* (2nd ed.). Routledge.

Raley, S. K., Hagiwara, M., Burke, K. M., Kiblen, J. C., & Shogren, K. A. (in press). Supporting all students to be self-determined: Using the Self-Determined Learning Model of Instruction within multi-tiered systems of supports. *Inclusive Practices*.

Shogren, K. A., Burke, K. M., & Raley, S. K. (2019). *SDLMI teacher's guide supplement: Implementing the SDLMI to enhance transition planning*. Kansas University Center on Developmental Disabilities.

Shogren, K. A., & Wehmeyer, M. L. (Eds.). (2020). *Handbook of adolescent transition education for youth with disabilities* (2nd ed.). Routledge.

제 9 장

복합적 의사소통 요구를 가진 사람을 위한 SDLMI

> 복합적 의사소통 요구를 가진 사람들도 자기결정적인 삶을 살 권리가 있습니다. 그들은 자기결정을 증진할 기회를 '얻어야' 할 필요가 없으며, 이는 당연히 주어져야 합니다.
>
> (Sarah Brady, 특수교사 및 SDLMI 교사, WISH 커뮤니티 및 아카데미 학교)

이미 배운 것처럼, 자기결정교수학습모델(SDLMI)은 장애 여부와 상관없이 모든 청소년과 청년이 자신의 삶에서 의미 있다고 생각하는 목표를 향해 나아가도록 지원하는 다양한 상황에서 사용될 수 있다. 5장에서는 SDLMI가 어떻게 다층지원체계(MTSS)의 틀 내에서 모든 학생이 자기결정 능력, 기술, 태도(예: 의사결정, 목표설정, 문제해결, 자기인식)를 함양할 수 있는 통합 환경을 조성하기 위해 사용될 수 있는지 설명했다. 복합적 의사소통 요구를 가진 학생들은 항상 다층지원체계의 1단계 교수에 포함되어야 하며, 자신의 자기결정 학습을 강화하고 1단계에 참여할 수 있도록 2단계 및 3단계의 특정 지원이 필요할 수 있다(Shogren et al., 2016; Thurlow et al., 2020). SDLMI가 1단계 또는 보편적 지원으로서 통합 환경에서 사용될 수 있는 방법(7장)과 보다 집중적인 2단계 교수가 필요한 전환계획과 같은 특정 맥락에서 사용될 수 있는 방법(8장)에 대한 지식을 바탕으로, 이 장에서는 복합적 의사소통 요구를 가진 학생들이 목표를 설정하고 이를 향해 나아갈 수 있도록 지원하기 위해 어떻게 여러 단계에 걸쳐 SDLMI를 활용할 수 있는지에 초점을 맞춘다. 이러한 전략들은 광범위한 지원이 필요한 다른 학생들과 SDLMI 수업에 참여하기 위해 개별화된 지원이 필요한 학생들에게도 도움이 될 수 있다.

보완대체의사소통(augmentative and alternative communication, AAC) 지원을 이용하거나 AAC 접근을 통해 혜택을 받을 수 있는 학생들은 종종 복합적 의사소통 요구를 가진 학생으로 불린다(Beukelman & Mirenda, 2013). 학생은 종종 비도구적 AAC(예: 수어), 로우-테크(low-tech) 도구적 AAC(예: 그림 기반 의사소통 시스템) 및/또는 음성 생성 기기와 같은 하이-테크(high-tech) 도구적 AAC 시스템을 결합하여 사용할 수 있다(Beukelman & Mirenda, 2013). 복합적 의사소통 요구가 있는 학생들은 학교 환경에서 종종 소외되며, 특히 필요한 의사소통 지원에 접근하지 못할 경우 자기결정 교수, 기회, 지원에 대해 제한적인 접근성을 갖게 된다. 많은 교사가 광범위한 지원을 가진 학생들을 위한 의사소통 지원을 고려하고 있기 때문에, 비도구적 AAC, 로우-테크 및 하이-테크 AAC를 SDLMI 교수에 통합하는 전략은 자기결정을 증진하기 위한 공평한 접근과 기회를 제공하기 위해 필수적일 수 있다. 예를 들어, 주 전역에서의 SDLMI 실행에 참여한 지적장애 학생의 특수교사들은(예: Shogren, Burke, et al., 2018; Shogren et al., 2019)

자기결정 실행 과정에서 마주한 두 가지 주요 장애물에 대해 설명했다.

이러한 장애물은 교수 시간(9명이 언급)과 학생의 지원 요구에 맞춰 교수를 조정하기 위한 추가 지원의 필요(4명이 언급, Raley et al., 2020)였다. 한 교사는 학생의 지원 요구에 맞춰 교수를 조정하는 것과 관련하여 이렇게 말했다. "(광범위한 지원 요구가) 더 많은 학생들에게는 매우 어려워요. 하지만 제 학생 중 한 명에게는 오랜 시간 동안 한 가지에 집중하도록 하고 있어서 가능해요!" 이는 내용을 검토하고 의사소통 지원을 통합할 수 있는 확장된 시간이 SDLMI 교수를 강화할 수 있음을 강조하지만, 동시에 보다 집중적인 지원을 위해 개별화된 일정 및 계획이 필요함을 시사한다. 이러한 지원을 통해, 주 전역의 SDLMI 실행에서 교육자들은 SDLMI가 학생의 성과를 지원한다고 일관되게 진술했다. 한 교사는 "저는 학생들이 자기 자신과 자신의 요구, 자기결정 능력에 대해 더 많이 배우면서 학생들에게 변화가 나타나기 시작하는 것을 보고 있어요."라고 말했다. 복합적 의사소통 요구를 가진 학생들과 함께 SDLMI를 사용하는 교사들의 성찰에 따르면, 해결해야 할 장애물이 있지만, 이러한 학생들이 자기결정을 증진하기 위해 공평한 기회를 받을 수 있도록 하는 해결책도 있음을 강조하고 있다.

복합적 의사소통 요구를 가진 학생을 위한 SDLMI 활용: 핵심 실행 정보

복합적 의사소통 요구를 가진 학생들과 함께 SDLMI를 활용하는 교사들을 지원하기 위해, SDLMI의 핵심 구성요소(학생 질문, 교사 목표, 교수적 지원)를 활용하여 복합적 의사소통 요구를 가진 청소년들이 목표를 설정하고 달성할 수 있도록 안내할 수 있는 구체적인 자료와 자원이 개발되었다. 특히 SDLMI 개발자들은 복합적 의사소통 요구를 가진 학생들과 함께 SDLMI를 활용하기 위한 구체적인 전략과 예시를 포함한 SDLMI 교사용 지침서(Shogren, Raley et al., 2018)에 대한 보충 자료를 제작하였다: 『**교사용 지침서 보충 자료: 복합적 의사소통 요구를 가진 학생의 SDLMI 참여 지원**』(Shogren & Burke, 2019).

이 보충 자료는 학생 질문을 복합적 의사소통 요구가 있는 학생들을 위해 접근 가능하고 의미 있게 만드는 방법을 보여 주는 교수적 지원과 예시를 포함하고 있으며, 교사들에게 학생들의 고유한 강점, 신념, 가치관, 교육적 요구, 그리고 그들이 필요로 하고 유익을 얻을 수 있는 구체적인 AAC 형태에 따라 활동과 자료를 수정해야 할 것이라는 점을 상기시킨다. 예를 들어, 학생 질문 1(내가 배우고 싶은 것은 무엇인가?)과 관련된 교사 목표는 학생이 배우고자 하거나 향상시키고자 하는 것을 확인하는 것을 시작할 수 있도록 하는 데 중점을 둔다. 이를 위해 교사는 복합적 의사소통 요구를 가진 학생들이 자신의 구체적인 강점과 교수적 요구를 확인하고, 그다음 이러한 요구에 대해 소통하고 우선순위를 정할 수 있도록 지원할 수 있다.

복합적 의사소통 요구를 가진 학생들의 경우, 교사는 학생들이 자신의 관심 영역을 확인하는 과정에서 시각적 지원(예: 가능한 목표 범주에 대한 이미지를 제공)을 이용하는 것이 도움이 될 수 있다고 생각할 수 있다. 이러한 이미지는 교사가 목표 범주 선택이라는 개념을 학생이 보다 구체적으로 이해할 수 있도록 하는 데 도움을 준다. 이미지는 학생이 다양한 교실 활동(예: 그룹 프로젝트 참여, 수업 과제 완료)을 하는 동안 또는 고용이나 여가 영역(예: 직업 현장 방문을 통해 직업 기대치를 파악하거나 참여할 방과 후 활동을 찾는 과정)을 체험해 보는 동안 학생의 사진을 찍어 만들 수 있으며, 이러한 이미지를 이용하여 학생이 선택하도록 할 수 있다.

복합적 의사소통 요구를 가진 일부 학생들에게는 AAC가 그들이 배우고 싶거나 개선하고 싶은 것을 확인하는 데 필수적일 수 있다. AAC를 사용하는 복합적 의사소통 요구를 가진 학생들의 경우, 교사들은 SDLMI 수업 내용을 반영하는 이미지를 미리 계획하여 AAC 장치에 업로드하고, 학생들이 학교 생활 내내 AAC 장치에 접근할 수 있도록 하여 자신의 목표에 대해 의사소통할 수 있도록 해야 한다(예: "목공 수업에 가는 것이 나의 SDLMI 목표예요."). [그림 9-1]에서는 교사들이 SDLMI의 학생 질문 1에 답할 수 있도록 지원하기 위해 사진을 어떻게 이용할 수 있는지 보여 주는 여러 예시를 제시한다. 각 이미지에서는 질문의 의도("내가 배우고 싶은 것은 무엇인가?")를 여전히 반영하되, 학생의 선호하는 어휘를 기반으로 하여 학생 질문 1을 제시하는 다양한 방법을 보여 준다. 또한 2장, [그림 2-3]에서는 대체 표현을 소개한 바 있다. 이 네 가지 이미지는 학생들이 SDLMI 목표를 찾아내는 과정

[그림 9-1] **학생 질문 1: '내가 배우고 싶은 것은 무엇인가?'에 대한 시각적 지원 예시**

에서 학생들이 자신의 관심사와 배우고 싶은 것을 표현하도록 하기 위해 사진, 단어, 이미지를 사용하는 방법을 보여 준다. 이러한 사진들은 7장에서 배운 것처럼 학업적 영역을 중심으로 하거나 8장에서 배운 전환 성과(예: 고용, 중등 이후 교육, 지역사회 참여)를 중심으로 할 수 있다. 이를 통해 복합적 의사소통 요구를 가진 학생들이 장애 또래나 비장애 또래와 함께 내용교과 영역에 참여하고 접근하게 할 수 있다.

또한 교사들은 복합적 의사소통 요구를 가진 학생들이 자신이 선택한 SDLMI 목표 범주나 목표에 대한 배경지식을 의사소통할 수 있도록 하는 시각적 지원으로서 이미지나 사진과 결합한 그래픽 조직자를 사용할 수 있다. 예를 들어, 학생 질문 2(그것에 대해 지금 내가 알고 있는 것은 무엇인가?)에 답하고 관련된 교사 목표를 달성하기 위해, 교사들은 복합적 의사소통 요구를 가진 학생들이 자신이 지금 목표에 대해 알고 있는 것을 나타내도록 쓰거나, 그리거나, 이미지를 선택할 수 있도록 할 수 있다.

[그림 9-2]는 교사가 제작한 'T-차트'를 보여 주는데, 이것은 제일 상단에 SDLMI 목표 범주가 있고, 그 아래 왼쪽에 다음과 같은 질문이 있다. '내가 지금 하고 있는 것은 무엇인가?' '지금 이 일을 할 수 있도록 나를 도와주는 것들은 무엇인가?' '내가 지금 마주한 장애물은 무엇인가?' 이들 촉진 질문은 SDLMI 전환계획 자료의 학생 질문 2와 동일한 질문이며, T-차트는 정보를 열로 구분하여 교수를 지원한다. 이 예시에서 학생 질문 1에 대한 학생의 답변은 동물과 함께할 수 있는 직업에 대해 배우고 싶다는 것이었다. 그

리고 교사가 선택한 이미지는 학생이 자신이 지금 알고 있는 것에 대해 지속적으로 성찰할 수 있도록 학생을 지원할 수 있는 이미지를 나타낸다. 학생들은 시선을 이용하거나, 원하는 옵션에 동그라미를 치거나, T-차트의 오른쪽에 있는 이미지를 쓰거나 그리거나 복사하여 학생 질문 2에 의미 있게 답할 수 있다. 여러분은 이러한 예시들과 SDLMI 교사용 지침서의 복합적 의사소통 요구 관

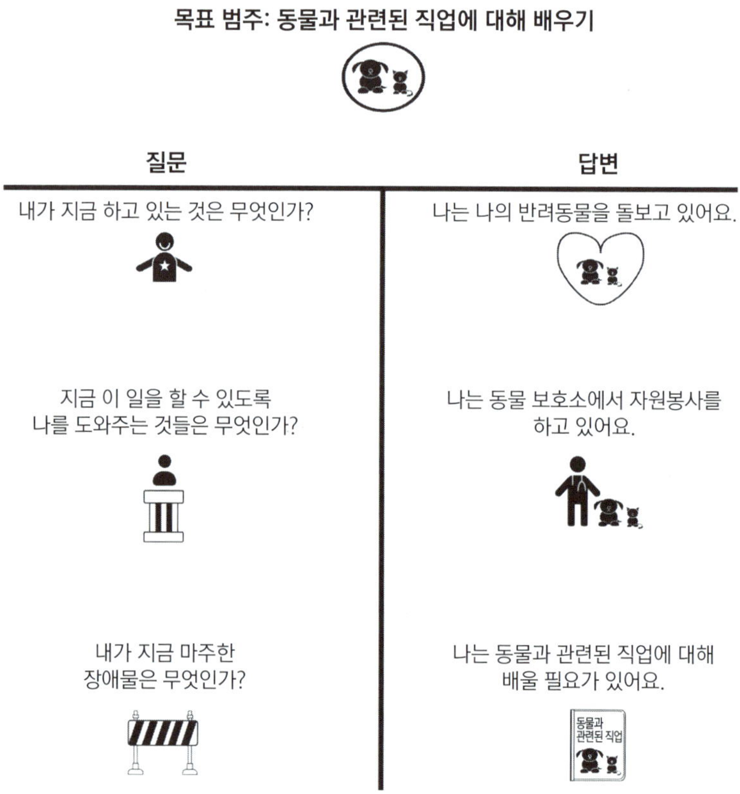

[그림 9-2] 학생 질문 2: 그것에 대해 내가 지금 알고 있는 것은 무엇인가?에 대한 시각적 지원이 포함된 그래픽 조직자 예시

련 보충 자료에서 강조한 예시들이 모두 강화된 교수적 지원들이라는 것을 알아차렸을 것이다. 이는 복합적 의사소통 요구를 가진 학생들을 포함하여 모든 학생이 SDLMI 교사 목표와 학생 질문에 참여할 수 있도록 교수적 지원이 사용된다는 것을 반영한다.

복합적 의사소통 요구를 가진 학생을 위한 SDLMI 교수적 지원 강화

2장에서, SDLMI 실행자들이 교수적 지원(예: 목표설정 교수, 자기관리 교수)을 활용하여 교사 목표를 달성하고, 학생들이 학생 질문에 답하고, 목표를 향해 나아가는 동안 학습을 스스로 주도하는 데 필요한 기술을 습득하도록 한다는 것을 배웠다. 일부 복합적 의사소통 요구를 가진 학생들의 경우, 교수적 지원을 강화할 필요가 있는데 이를 통해 교육자들은 교사 목표를 달성하고 복합적 의사소통 요구를 가진 학생이 해당 학생 질문에 답할 수 있도록 할 수 있다. 예를 들어, [그림 9-1]에서 교사는 학생이 자신의 선호, 관심사, 신념, 가치를 소통하고 자신의 요구를 우선순위에 따라 정할 수 있도록 학생의 AAC 시스템에 사진과 문구를 추가함으로써 의사소통과 의사결정 교수에 대한 교수적 지원을 강화하였으며, 이는 학생 질문 1을 위한 교사 목표를 달성하도록 한다. 이러한 지원은 통합학급에서 1단계 지원의 일환으로 제공될 수 있으며, 학생들이 자신의 목표와 관심사에 대해 학습하고, 연습하고,

성찰하는 데 더 많은 시간을 필요로 하는 경우 2단계 또는 3단계 교수에서 제공될 수도 있다.

마찬가지로, [그림 9-2]에서 학생이 자신이 정한 목표 범주에서 기회, 장애물, 지원에 대한 정보를 수집할 수 있도록 교사는 SDLMI 교수적 지원을 통해 인식 및 자기옹호 교수의 활용을 강화하기로 결정했다. [그림 9-2]에서 강조한 T-차트와 같은 강화된 교수적 지원을 실행하고, 학생이 학생 질문에 답하도록 역량을 강화하는 데 시간이 걸릴 수 있다는 것을 유념하는 것이 중요하다. 여기에서 2단계와 3단계 지원이 역할을 할 수 있으며, 교사들은 SDLMI 실행 일정을 조정하여 여러 교수 회기에 걸쳐 활동을 계획할 수 있다.

Sarah Brady의 **SDLMI 이야기**에서 그녀가 어떻게 통합 환경에서 SDLMI를 활용하여 복합적 의사소통 요구를 가진 학생을 포함한 모든 학생이 목표를 설정하고 그 목표를 향해 노력할 수 있도록 지원했는지에 대해 더 자세히 알아보기 위해 [그림 9-3]을 참조하라. 그녀는 학생들과의 교감을 위해 실제 사례와 흥미로운 예시를 통해 교수적 지원을 강화하는 방법을 설명한다. 이러한 예시들은 복합적 의사소통 요구를 가진 학생들과 함께 SDLMI를 사용하는 교사들이 동일한 SDLMI 핵심 구성요소(학생 질문, 교사 목표, 교수적 지원)를 어떻게 사용하는지를 강조한다. 그러나 동시에 학생의 지원 요구와 미래 목표에 따라 지원과 교수를 강화화기 위해 개별화된 의사결정이 어떻게 요구되는지를 강조한다. 또한 학생들이 사용될 의사소통 지원 및 이미지를 선택하는 데 참여할 수 있고, 참여해야 한다는 점을 기억하라. 학생들은 자신의 학습과 지원에 대한 전문가이다!

제가 처음 SDLMI에 대해 알게 된 것은 근무하는 중학교에서 복합적 의사소통 요구를 가진 학생을 포함한 모든 학생의 자기결정 증진을 지원하기 위해 진행한 예비 프로젝트의 일환이었습니다. 학교 리더들로부터 SDLMI에 대해 처음 들었을 때, 이것이 저의 교육 방식과 얼마나 잘 맞는지 알게 되었습니다. 왜냐하면 복합적 의사소통 요구를 가진 학생들의 요구를 만족시키기 위해 우리가 환경을 변화시키는 대신 종종 그들이 통합 환경에서 배울 '권리를 얻어야' 한다고 보여지기 때문입니다. 우리 학교에서, 우리는 완전히 통합된 환경에서 모든 학생이 배우는 것에 헌신하고 있으며 특수교육 지원과 서비스는 통합학급 내에서 제공되는 교실 내 통합학급 지원모델(push-in model)을 통해 제공됩니다. SDLMI는 복합적 의사소통 요구를 가진 학생들이 통합학급에서 성공할 수 있도록 지원하는 또 다른 방법으로 보였으며, 학생들이 스스로 의미 있다고 생각하는 목표를 설정하고 이를 향해 나아갈 수 있도록 역량을 강화함으로써 자율성과 자기결정을 지원하는 학급을 구조화할 수 있습니다.

저는 중학교 학생들을 대상으로 담임 시간과 유사한 상담 수업 시간에 SDLMI를 활용했습니다. 상담 수업은 매일 아침 30분 동안 진행되었으며, SDLMI를 활용할 수 있도록 좀 더 유연한 시간을 제공했고 모든 학생이 함께 포함되었습니다. 이 수업에서 저는 일반교사와 함께 SDLMI를 공동으로 실행했으며, 복합적 의사소통 요구를 가진 두 명의 학생과 개별화교육프로그램(IEP)을 가진 몇몇 학생, 그리고 많은 비장애 학생이 참여했습니다. 상담 수업에서 진행된 SDLMI 수업 동안, 저의 협력교사인 일반교사와 저는 학생들이 전체 그룹 활동에 참여할 수 있도록 우리가 설정한 목표와 이를 향해 노력하는 실제 예시를 제시하는 데 초점을 두었습니다. 상담 수업 외에도, 저는 또한 복합적 의사소통 요구를 가진 학생들 중 한 명을 보다 집중적인 지원을 제공하도록 계획된 학급에서 개별적으로 지원하였습니다. 이 수업에서는 상담 수업에서 다룬 활동을 좀 더 확장하여 추가적인 SDLMI 교수적 지원과 개별화된 교수를 제공할 수 있었습니다. 예를 들어, 예비 대화 수업에서 이 학생이 SDLMI 핵심 용어(예: 목표, 장애물, 계획)를 이해할 수 있도록 돕기 위해, 우리는 각각의 용어에 맞는 사진과 예시를 추가함으로써 수업에서 사용한 자료를 수정하여 함께 이야기 나누었습니다. 저는 이러한 예시를 통해 학생이 흥미를 가질 수 있길 정말로 원했습니다. 그래서 저의 반려견인 바이올렛을 방과 후 매일 공원에 데려가는 계획을 세우는 것과 같이 학생이 흥미를 가질 수 있는 예시들을 사용했습니다. 그 학생은 1년간의 원격 수업 동안 제 비디오 배경에 자주 등장한 바이올렛을 알게 되었기 때문에, 저는 이것이 상담 시간에 학생이 학습한 것에 추가로 학생과 공감대를 갖고 학생이 SDLMI 핵심 용어를 학습하는 것을 지원하는 방법임을 알게 되었습니다.

저는 복합적 의사소통 요구를 가진 학생을 포함한 모든 학생이 자기결정을 증진할 수 있도록 지원하기 위해 반복적으로 SDLMI를 활용하는 것의 중요성을 강조하지 않을 수 없습니다. 제가 한 학기 동안만 상담 수업에서 SDLMI를 활용했기 때문에, 일부 학생들은 목표 설정의 개념을 적용하고 그 목표를 달성하는 과정이 어떠한지 이해하는 데 더 많은 시간이 필요했습니다. 따라서 SDLMI가 학생들의 일상 속에서 반복적으로 활용되고 통합되는 것이 매우 중요하며, 특히 복합적 의사소통 요구를 가진 학생들에게는 더욱 중요합니다.

- Sarah Brady, 특수교사 및 SDLMI 교사,
WISH 커뮤니티 및 아카데미 학교-

[그림 9-3] 나의 SDLMI 이야기: 복합적 의사소통 요구를 가진 학생들이 자기주도적으로 SDLMI를 활용할 수 있도록 역량 강화하기

참고문헌

Beukelman, D., & Mirenda, P. (2013). *Augmentative and alternative communication: Supporting children and adults with complex communication needs* (4th ed.). Paul H. Brookes Publishing Co.

Raley, S. K., Burke, K. M., Hagiwara, M., Shogren, K. A., Wehmeyer, M. L., & Kurth, J. A. (2020). The Self-Determined Learning Model of Instruction and students with extensive support needs in inclusive settings. *Intellectual and Developmental Disabilities, 58*(1), 82–90. https://doi.org/10.1352/1934-9556-58.1.82

Shogren, K. A., & Burke, K. M. (2019). *Teacher's guide supplement: Supporting students with complex communication needs to engage with the SDLMI*. Kansas University Center on Developmental Disabilities.

Shogren, K. A., Burke, K. M., Anderson, M. A., Antosh, A. A., Wehmeyer, M. L., LaPlante, T., & Shaw, L. A. (2018). Evaluating the differential impact of interventions to promote self-determination and goal attainment for transition-age youth with intellectual disability. *Research and Practice for Persons with Severe Disabilities, 43*(3), 165–180. https://doi.org/10.1177/1540796918779775

Shogren, K. A., Burke, K. M., Antosh, A. A., Wehmeyer, M. L., LaPlante, T., Shaw, L. A., & Raley, S. K. (2019). Impact of the Self-Determined Learning Model of Instruction on self-determination and goal attainment in adolescents with intellectual disability. *Journal of Disability Policy Studies, 30*(1), 22–34. https://doi.org/10.1177/1044207318792178

Shogren, K. A., Raley, S. K., Burke, K. M., & Wehmeyer, M. L. (2018). *The Self-Determined Learning Model of Instruction: Teacher's guide*. Kansas University Center on Developmental Disabilities.

Shogren, K. A., Wehmeyer, M. L., & Lane, K. L. (2016). Embedding interventions to promote self-determination within multi-tiered systems of supports. *Exceptionality, 24*(4), 213–224. https://doi.org/10.1080/09362835.2015.1064421

Thurlow, M. L., Ghere, G., Lazarus, S. S., & Liu, K. K. (2020). *MTSS for all: Including students with the most significant cognitive disabilities*. University of Minnesota, National Center on Educational Outcomes/TIES Center.

제 10 장

지역사회기반 및 가상 환경에서의 SDLMI

질문을 하면, 배울 수 있습니다. 질문을 할 때, 좌절하지 않습니다. 학습은 목표를 달성하는 데 도움을 줍니다!

(Logan Doughty, 미국 소프트볼 국가 사무국 직원 및 자기옹호자)

이전 장들에서는 자기결정의 중요성과 SDLMI가 모든 학생이 자기결정을 증진하도록 지원하기 위해 어떻게 활용될 수 있는지에 중점을 두고 다루었다. 주요 초점은 교육 환경에서 SDLMI를 활용하여 학생들이 자신에게 중요하다고 여기는 목표를 설정하고 그 목표를 향해 노력하는 동안 일반교육과정(7장)과 전환계획(8장)에의 참여를 강화하는 데 있다. 그러나 SDLMI와 그 핵심 구성요소들은 여러 방식으로 활용될 수 있는데, 더 어린 학생들(Shogren et al., 2022), 구직을 하는 성인들(Dean et al., 2017), 건강과 웰빙 목표를 설정하는 모든 사람(Shogren et al., 2006)을 대상으로 하거나 실제 삶의 모든 영역을 아우를 수 있다. 목표는 모든 삶의 영역에서 중요하다! 또한 SDLMI는 청소년이나 성인 그룹이 함께 목표를 설정하고 이를 향해 나아가면서 서로를 지원하는 지역사회 환경에서 더 많이 활용되고 있다. 이를 통해 장애인과 비장애인이 함께 모여 자기결정을 증진하고, 목표를 확인하고 자신의 목표를 추구하며, 목표를 평가하고, 목표와 이를 달성하기 위한 전략을 조정하는 데 서로 도움을 주는 기회를 더 많이 창출할 수 있다. 이러한 활동이 지역사회 구성원과 장애인 당사자들에 의해 주도될 때, 사회적 및 지역사회 네트워크를 구축하고, 6장에서 설명한 바와 같이 문화감응적 실제를 통합하는 데 더 집중할 수 있다. 또한 지역사회기반 SDLMI 실행을 위해 가상 지원 및 연결을 활용할 수도 있다. COVID-19 팬데믹 동안 모든 환경에서 가상 실행을 위한 요구가 증가하였다. 이 시기에 얻은 교훈은 가상 실행 옵션과 지원, 특히 학교와 지역사회 환경에서의 하이브리드 지원을 지속적으로 강화할 것이라는 것이다.

이 장에서는 1) 청소년과 성인들이 목표를 향해 나아갈 수 있는 기회를 더 많이 가지도록 지원하고, 2) 그들이 실행 계획을 개발하고, 장애물을 극복하며, 배운 것을 자신들의 삶과 가족, 지역사회 활동에 통합하도록 지원하는 사회적 네트워크를 구축하기 위해 지역사회기반 환경에서 SDLMI가 사용되어 온 방법을 강조할 것이다. 또한 소그룹을 대상으로 온라인으로 SDLMI를 제공하는 방법과 하이브리드 전달 모델을 사용하는 방식을 포함하여 SDLMI의 가상 실행에 대해 알게 된 것을 설명할 것이다.

지역사회 환경에서 SDLMI 활용: 핵심 실행 정보

학교 및 교실 환경에서 SDLMI를 활용하는 교사를 지원하기 위한 특정 자료가 개발된 것처럼, 지역사회에서 SDLMI 핵심 구성요소(학생 질문, 교사 목표, 교수적 지원)를 제공하는 방법을 안내하기 위해 개발된 일련의 자료도 있다. 예를 들어, **SDLMI 커뮤니티**(Community)는 지역사회 환경에서의 활용을 위해 특별히 수정된 일련의 자료로, 12개의 학생 질문을 중점적으로 다루는 14주간의 수업 회기뿐만 아니라 자기결정 행동에 대한 오리엔테이션 회기와 자신이 배운 것에 대해 성찰하고 축하하는 마무리 회기를 위해 파워포인트, 활동 및 기술적 지원을 포함한 자원을 제공한다. SDLMI 커뮤니티는 고용과 같은 구체적인 목표 범주에 초점을 둘 수 있고, 또는 그룹의 관심사와 선호에 따라 지역사회 참여, 건강 및 웰빙, 사회적 네트워크 구축과 같은 다양한 목표 옵션을 제공할 수 있다.

SDLMI 커뮤니티는 다른 중재와 결합될 수도 있다. 예를 들어, 나를 발견하기(Finding Me)(Ober, 2018)와 같은 교육과정은 다양한 주제(예: '내가 사는 곳' '내가 알고 소중히 여기는 사람들' '나의 강점, 흥미, 취미' '내 인생의 꿈')를 포함하며, SDLMI 커뮤니티 실행 이전에 적용된 바 있다. 이러한 접근은 특히 지적 및 발달장애 성인들과 작업할 때, 그룹 내 유대감을 형성하고, 지적 및 발달장애인들이 SDLMI 커뮤니티에 가져오는 지식 자원을 확인하는 데 유용했다(Dean et al., 2022). 또한 일부 그룹은 고용, 지역사회 참여, 건강 및 웰빙 관련 목표를 설정하기 위해 함께 모였다. 그룹들은 공통의 경험과 지식 자원을 가진 사람들을 모으는 데 초점을 두었다. 예를 들어, SDLMI 커뮤니티는 자폐 청소년을 대상으로 실행되었으며 특히 신경다양성을 지원하고, 자폐 청소년들이 자신에게 의미 있는 목표를 추구하면서 지역사회와 네트워크에 참여하고 이를 구축하기 위한 다양한 방식을 통합하는 데 중점을 두었다(Raley et al., 2022). 또한 주요 초점은 장애인들이 지역사회기반 SDLMI 실행에서 공동 진행자로서 활동할 수 있도록 교육하는 데 있으며, 이를 통해 문화적으로 지속가능한 SDLMI를 실행하고, 장애인들의 삶의 경험을 활용한다.

실행 일정 및 활동

SDLMI 커뮤니티 자료는 일반적으로 SDLMI의 세 단계(1단계-목표 설정; 2단계-계획 및 실행; 3단계-목표 또는 계획 수정)에 맞추어 대략 매주 또는 격주 1~1.5시간의 모임으로 구성된다. 각 수업 회기 동안에 SDLMI 학생 질문 중 하나에 집중하며, 초기 및 마무리 회기에서는 자기결정의 기초를 배우고, 수업 회기를 통해 배운 것을 축하하는 시간이 포함된다. 많은 지역사회 그룹에서는 마무리 발표회를 포함하기도 한다. 이 자리에는 친구, 가족, 지역사회 구성원들이 초대되어 와서 SDLMI 그룹 참여자들이 어떤 목표를 설정했는지, 그리고 미래를 위해 어떤 계획을 세웠는지 배울 수 있다. SDLMI 커뮤니티 그룹들을 위한 실행 일정 예시는 [그림 10-1]에서 볼 수 있다. 그룹이나 그룹의 참여자들은 SDLMI 커뮤니티에 반복적으로 참여할 수 있으며, 이를 통해 새로운 목표를 설정하고 더 많은 지역사회 연계를 구축할 수 있다.

SDLMI 커뮤니티 실행 일정		
주	날짜	주제
1	2/2(화)	SDLMI 용어 및 역할 검토; 학생 질문 1
	2/4(목)	학생 질문 1 검토; 학생 질문 2
2	2/9(화)	학생 질문 2 검토; 학생 질문 3
	2/11(목)	학생 질문 3 검토; 학생 질문 4
3	2/16(화)	학생 질문 4 검토; 학생 질문 5
	2/18(목)	학생 질문 5 검토; 학생 질문 6
4	2/23(화)	학생 질문 6 검토; 학생 질문 7
	2/25(목)	학생 질문 7 검토; 학생 질문 8
5	3/2(화)	학생 질문 8 검토; 학생 질문 9
	3/4(목)	학생 질문 9 검토; 학생 질문 10
6	3/9(화)	학생 질문 10 검토; 학생 질문 11
	3/11(목)	학생 질문 11 검토; 학생 질문 12
7	3/16(화)	학생 질문 12 검토; 발표 준비 시작
	3/18(목)	발표 준비 계속
8	3/23(화)	발표 연습
	3/25(목)	발표

[그림 10-1] SDLMI 커뮤니티 실행 일정

SDLMI 커뮤니티 자료는 지역사회 예시를 사용하는 데 중점을 둔다. 이러한 예시는 각 회기의 자료들, 예를 들어 파워포인트와 지역사회 예시들을 참조한 SDLMI 활동지에 포함되어 있다. SDLMI 그룹 구성원은 또한 목표 노트(Goal Notebooks)를 사용하여 SDLMI 회기 밖에서 지원자(지원을 제공하는 사람)와 소통할 수 있다. 예를 들어, SDLMI 커뮤니티 회기는 청소년과 성인들이 SDLMI 목표를 위한 지원을 확보하기 위해 가족이나 지원자와 정보를 공유하도록 지원하는 계획을 포함한다. [그림 10-2]는 SDLMI 커뮤니티 목표 노트의 일부 페이지의 예시를 보여 준다. 이를 통해 사람들은 SDLMI 1단계에서 배운 내용을 기록하고, SDLMI 커뮤니티 회기 밖에서 지원자와 정보를 공유하며, 목표에 대해 학습하고 이를 향해 나아가는 노력을 위한 지원 네트워크를 구축할 수 있다. 그리고 이전 장에서 설명한 모든 지원 전략, 예를 들어 모든 형태의 의사소통 지원(9장), 문화적으로 지속가능한 실행 강화(6장) 등이 SDLMI 커뮤니티에 통합될 수 있다.

SDLMI
자기결정교수학습모델

SDLMI 노트
1단계

이번 주에 성인들은 자기결정교수학습모델(SDLMI) 1단계를 계속 진행했습니다.

SDLMI 1단계: 목표가 무엇인지 확인하기

개인 질문 3: 나를 위해 무엇이 변해야 하는가?

- 목표 영역에서 나의 능력을 향상시키는 방법을 생각해 보기
  예시: 건강한 간식을 위해 과일과 채소를 더 선택하도록 노력하기
- 환경을 변화시키는 방법을 생각해 보기
  예시: 냉장고에 건강한 식습관을 상기시키는 포스터 붙이기

개인 질문 4: 이것을 이루기 위해 내가 할 수 있는 것은 무엇인가?

- 자신의 구체적이고, 측정 가능하며, 관찰 가능한 목표를 작성하기
  - 측정 가능: 셀 수 있거나 수량화 할 수 있는 것
  - 관찰 가능: 보고 들을 수 있으며, 그것이 발생했는지 여부를 말할 수 있는 것
  - 구체적: 명확하게 식별되고 정의된 것

[그림 10-2] SDLMI 커뮤니티 목표 노트(계속)

이번 주에 성인들이 성취한 것:

Q. 나를 위해 무엇이 변해야 하는가?

Q. 이것을 이루기 위해 내가 할 수 있는 것은 무엇인가?

이번 주에 지원자들이 할 수 있는 일:

- "무엇을 변화시키고 싶은가요?"라고 물어 보세요.
- "당신의 목표는 무엇인가요?"라고 물어 보세요.

성인의 자기결정을 증진하는 데 있어 지원자들의 역할:

지원자들은 성인들이 목표를 추구할 수 있도록 결정하고 행동하고, 믿기 위한 능력을 향상시킬 수 있는 지원과 기회를 제공합니다.

SDLMI 프로젝트에 대한 질문이 있으시면 selfdetermination@ku.edu로 문의하시기 바랍니다. 자기결정에 대한 더 많은 정보는 self-determination.org를 방문해 주세요!

SELF-DETERMINATION.ORG

[그림 10-2] SDLMI 커뮤니티 목표 노트

모든 SDLMI 커뮤니티 회기는 그룹 참여를 증진하고 루틴을 만들기 위해 유사한 구조로 진행된다. 각 회기는 참여자들이 서로 알아가기 위한 노력으로 한 주 동안의 일에 대해 5분 동안 이야기하는 것으로 시작되며, 더불어 간단한 마음챙김 호흡 연습과 그룹 참여자들이 함께 만든 시작 다짐문(mantra)을 진행한다. SDLMI 회기에서는 항상 참여자들이 참여하고 있는 SDLMI의 단계와 핵심 어휘(예: 단기 및 장기 목표, 목표달성, 문제해결 등)를 검토한다. 회기의 대부분은 학생 질문에 초점을 맞추며, 일반적으로 소그룹 토의로 시작되는데, 이 소그룹 토의에서 공동 촉진자들은 참여자들을 교사 목표를 달성하기 위한 활동에 참여시킨다. 이를 통해 각 참여자는 당일에 해당하는 학생 질문에 대해 답변하고, 목표 노트에 단어, 그림 또는 녹음을 사용하여 응답을 기록한다. 마지막에는 간단한 검토와 다음 회기에 하게 될 것을 요약한다. 모든 수업과 소그룹 토의는 그룹 구성원들이 대화에 참여하도록 구조화되며, 각 회기에는 참여자들이 소그룹 과제, 온라인 활동 및 기타 내용 발표에 참여할 수 있도록 다양한 활동들이 있다. 예를 들어, 장기 목표를 정의할 때, SDLMI 실행자들은 자신의 장기 목표의 예시를 제공하고 그룹 구성원에게도 그들의 목표를 공유하도록 요청할 수 있다.

목표 범주

SDLMI 커뮤니티의 주요 초점은 다양한 목표를 지원하고 이러한 목표를 실현하기 위한 사회적 및 지역사회 연계를 구축하는 것이다. **나의 SDLMI 이야기**([그림 10-3])는 Logan Doughty가 SDLMI 커뮤니티를 사용하여 출근을 위한 안정적인 방법을 찾는 것을 전반적인 목표로 설정한 방법을 보여 준다. 그의 첫 번째 목표는 사랑하는 직장인 USA 소프트볼에서 매일 일할 수 있도록 안정적으로 출근할 수 있게 해 주는 운전 면허를 취득하는 데 중점을 두었다. 로건이 설명하듯이, 그는 SDLMI 1단계에서 운전면허 취득을 목표로 했지만 더 많은 것을 배우게 되면서, 특히 출근을 가능하게 하면서도 자신의 선호에 맞는 다른 지원 방법에 대해 알게 된 후 3단계에서 목표를 수정하기로 결정했다. Rogan은 SDLMI 커뮤니티를 사용하여 자기결정과 관련된 능력과 기술(예: 목표설정, 의사결정, 문제해결)을 증진하면서, 사랑하는 직장에 안정적으로 출근하고, 꾸준히 일하고 성장하기 위한 전반적인 목표를 달성하기 위해 활용할 수 있는 지역 교통수단을 탐색하고 확인했다.

지역사회에서 실행할 때, 다양한 목표를 설정할 수 있다. 촉진자는 고용과 같은 하나의 목표 범주나 또는 다양한 목표 범주에 초점을 둘 수 있다. 서로 다른 목표 범주를 대상으로 할 경우, 그룹 활동은 각 영역에서 필요한 다양한 유형의 목표와 아이디어 회의를 중심으로 구성될 수 있다. SDLMI 커뮤니티 참여자들은, 예를 들어 고용과 관련된 목표(예: '나는 수의사로 일하고 싶다' '나는 새 직장을 원한다')나 건강과 관련된 목표(예: '나는 더 많이 운동하고 싶다' '나는 공원을 돌아다닐 수 있기를 원한다')를 설정하는 데 초점을 두었다. 나아가 지역사회기반 실행은 특히 참여자들이 실행 계획을 세분화하고 개발하도록 지원하는 데 있어 학교기반의 실행만

큼이나 효과적이었다. 한 성인은 이를 통해 자신들이 "어떻게 목표를 설정하는지에 대해 조금 더 이해하게 된 것 같고, 지금은 조금 더 시도해 볼 수 있을 것 같아요."라고 말했다. 또 다른 사람은 "한 번에 모두 하려 하기보다는 좀 더 작은 단계로 나누어 해 보려고 해요."라고 전했다(Dean et al., 2022).

제 이름은 Rogan Dougthy입니다. 저는 29세이고, USA 소프트볼에서 일하고 있습니다. 저는 직장에서 다양한 일을 합니다. 가끔은 앞쪽의 기념품 가게에서 일하거나, 많은 사람과 함께 내부에서 일하기도 하고, 때로는 경기장에서도 일하는데 여기서는 선수들을 위해 냉장고와 물을 채우는 일을 합니다. 저는 선수들을 만나는 것을 좋아합니다! 이것은 제가 항상 원하던 직업입니다!

자기결정에 대해 생각할 때, 저는 무언가를 알아내려고 하거나 문제를 다룰 때, 그리고 "제발 와서 도와주세요."라고 말하고 자기옹호를 하면서 자기결정적이 되는 모습을 떠올립니다. 오클라호마주립대학교(OSU)에서 받은 SDLMI 수업을 통해 저는 자기결정의 일부는 도움이 필요하거나 문제가 있을 때 저를 위해 목소리를 내거나 질문을 하는 것이라는 것을 알게 되었습니다. 질문을 하고 그 답을 찾는 것은 제가 목표를 향해 나아가는 데 도움이 됩니다. 저는 제 자신을 위해 목표를 설정하는 것을 좋아하는데, 그것이 저에게 좋기 때문입니다. 그것은 제가 목표를 달성하기 위한 단계에 집중하고 그것을 위해 노력하는 데 도움이 됩니다. 목표는 저에게 동기를 부여해 주기 때문에 중요합니다. 저는 집과 직장에서 더 많은 목표를 설정하고 싶습니다. 그렇게 하면 더 많이 배울 수 있습니다. 제가 더 많이 배우면 사람들을 더 도와줄 수 있습니다! 저는 사람들이 저를 도와줄 때, 그리고 제가 그들에게 도움을 줄 수 있을 때 정말로 좋습니다.

저는 OSU에서의 SDLMI 수업을 기억합니다. 저는 많은 사람들과 우리는 무엇을 하기 좋아하는지, 그리고 미래에 하고 싶은 것은 무엇인지에 대해 이야기했습니다. 저는 운전하는 법을 배우고 싶었습니다. 그래서 운전 면허를 취득하기 위한 목표를 설정했습니다. 저는 이것에 대해 생각했고, 이것이 제가 하고 싶었던 것이라는 것을 알았습니다. 저는 제 목표를 달성하는 방법과 어떤 단계가 필요한지에 대해 배웠습니다. 저는 도움이 필요할 때 주변 사람들에게 질문하고 요청하는 방법을 배웠습니다. 그들은 제가 실행 계획을 세우는 것을 도왔고, 제가 목표에 대해 더 많이 배울 수 있도록 도와주었습니다. 나중에 저는 차가 많이 다니기 때문에 사고가 날까 봐 두려워서 운전 면허를 취득하지 않기로 결정했습니다. 그래서 저의 목표를 오클라호마시티의 교통 서비스인 SendARide 이용법을 배우는 것으로 변경했습니다. 이제 저는 매일 SendARide를 타고 일하러 갑니다.

자기결정적인 사람이 되기 위해 노력하는 사람들을 위한 저의 조언은 항상 질문하라는 것입니다. 질문을 할 때, 배울 수 있습니다. 질문을 할 때, 좌절하지 않습니다. 학습은 목표를 달성하는 데 도움이 됩니다!

저는 SDLMI를 활용하여 자기결정적인 사람이 되는 것은 정말 멋진 일이라고 생각합니다.

- Rogan Doughty, USA 소프트볼 국가 사무소 직원 및 자기옹호자 -

[그림 10-3] **나의 SDLMI 이야기: 내 삶에 중요한 목표를 위해 SDLMI 활용**

지역사회에서의 SDLMI 실행을 고려할 때, 발생할 수 있는 주요 어려움들에 대해 생각하는 것이 중요하다. 우리는 가족, 교사 및 다른 지원자들과의 의사소통을 지원하는 것이 얼마나 중요한지 언급했다. 만약 한 개인이 SDLMI 커뮤니티 그룹에서 목표를 배우고 설정하고 있다면, 그들은 집과 지역사회에서 이러한 목표를 향해 행동할 수 있도록 다양한 지원이 필요할 것이다. 예를 들어, 만약 어떤 사람이 고용과 관련된 목표를 설정하고 있다면, 그들의 목표는 [그림 10-2]와 같은 도구를 사용하여 고용 지원을 제공하고 있는 다른 시스템과 사람들에게 전달되고 이들에 의해 지원되어야 한다. 이 시점에서 SDLMI 커뮤니티 그룹의 구성원들과 촉진자들은 개인적으로 또는 그룹으로 해결할 수 있는 구조적 장벽 및 옹호 사항을 확인하기 위해 함께 작업할 수 있다. 예를 들어, 경쟁적인 통합 고용에 접근하거나 계속 교육을 받는 데는 상당한 장벽이 있다. SDLMI 커뮤니티 그룹은 장벽과 옹호에 대해 배우면서 이러한 문제에 대해 논의할 수 있다.

사람들이 지역사회 내 그룹에 참여하려면 이동이 가능해야 하기 때문에 교통수단 또한 중요한 고려 사항이 될 수 있다. 그룹이 접근가능한 교통수단이 있는 장소 근처에 있는지 확인하는 것은 중요하며, 공평한 접근과 참여를 보장하기 위해 신중하게 계획하는 것도 중요하다. 가상 및 하이브리드 옵션을 고려하는 것은 특히 농촌 지역 사회에서 접근성을 촉진하는 데 유용할 수 있으며, 이에 대해서는 다음 절에서 논의하고자 한다.

가상 환경에서 SDLMI 활용: 핵심 실행 정보

SDLMI 커뮤니티는 가상으로 실행될 수 있으며 또는 하이브리드 전달 모델을 사용하여 가상 요소를 통합할 수 있다. 예를 들어, SDLMI 커뮤니티는 비디오 회의 플랫폼(예: Zoom)에서 일대일 및 소그룹 가상 회기 동안 실행되었다. COVID-19 팬데믹 동안, 지역사회나 학교 상황에서의 모든 SDLMI 교수는 가상으로 실행되었으며, 이는 가상 및 하이브리드 옵션의 지속적인 활용을 이끄는 데 중요한 통찰을 제공한다. SDLMI를 가상으로 전달하는 것은 다른 교육과 마찬가지로 주의 깊은 계획이 필요하며, SDLMI 핵심 요소를 모든 참여자에게 적절하고 의미 있게 만드는 참여 전략을 마련해야 한다.

가상으로 SDLMI를 실행할 때, 동일한 일반적 구조를 사용할 수 있다(즉, 각 회기는 12개의 SDLMI 학생 질문 중 하나에 초점을 맞추고, 초기 소개 및 마무리 축하 회기를 포함). 그러나 온라인 참여 도구에서도 교육 및 참여를 강화할 수 있다. 예를 들어, 여러 비디오 회의 플랫폼은 전체 그룹 회의 공간 외에 소그룹을 위한 분리된 회의실을 사용할 수 있도록 하여, 학생들이나 지역사회 그룹이 대규모 그룹에서 서로를 볼 수 있도록 할 뿐 아니라, 소그룹 및 일대일 연결 기회를 통해 SDLMI 목표, 실행 계획 및 자기평가 전략에 대해 이야기할 수 있도록 한다. 소그룹 회의실에서 진행되는 이러한 소그룹 기회는 청소년과 성인들이 목표를 설정하고 이를 향해 노력하면서 지원 네트워크를 발전시키는 데 도움을 준다.

훈련된 SDLMI 실행자들이 청소년과 청년들을 SDLMI 가상 실행에 참여시킬 때, 몇 가지 참여 도구가 도움이 될 수 있다. 예를 들어, 학생들에게 이모지(emojis)나 채팅창과 같은 비디오 회의 플랫폼의 특징을 사용하도록 요청하여, 또래가 SDLMI를 활용하는 동안 경험한 성공담을 공유할 때(예: 시험 전에 깊이 숨을 다섯 번 쉬는 새로운 자기관리 전략을 시도하고, 그것이 효과적이었다는 것을 알게된 것) 긍정적인 강화를 제공할 수 있다. SDLMI에 학생들을 가상으로 참여시키는 SDLMI 실행자들은 또한 직접 게임을 만드는 것과 같이 다른 참여 도구나 활동을 사용할 수도 있다. 예를 들어, 촉진자가 미리 선택한 다섯 글자의 단어를 협력하여 찾는 게임을 할 수 있는데, 이 단어는 그 회기의 내용과 관련된 단어일 수 있다(예: 'goals' 또는 'track').

SDLMI를 가상으로 실행하는 것은 가상 교육의 최선의 실제를 활용하여 사람들이 자기결정에 대한 학습에 참여하도록 하고 모든 사람이 자기결정에 대해 배우고 성장할 수 있도록 지원하는 또 다른 도구를 제공한다. 대면 활동 중에 참여를 증진하기 위해 만든 가상 전달 옵션과 가상 활동 및 자료는 장애 유무에 관계없이 더 많은 학생과 성인에게 SDLMI를 의미 있고 접근 가능하게 만드는 또 다른 방법을 제공한다.

참고문헌

Dean, E. E., Burke, K. M., Shogren, K. A., & Wehmeyer, M. L. (2017). Promoting self-determination and integrated employment through the self-determined career development model. *Advances in Neurodevelopmental Disorders, 1*, 55–62. https://doi.org/10.1007/s41252-017-0011-y

Dean, E. E., Hagiwara, M., Jones, J., Gallus, K., & Shogren, K. A. (2022). Promoting self-determination in community contexts: Experiences with implementing the Self-Determined Learning Model of Instruction. *Inclusion, 10*(1), 53–70. https://doi.org/10.1352/2326-6988-10.1.53

Ober, J. (2018). *Finding Me: How to advocate for the life you want*. The Ohio State University Nisonger Center.

Raley, S. K., Edwards, B., Bumble, J. L., Shogren, K. A., & Henley, R. C. (2022). Enhancing self-determination for autistic youth and young adults using the Self-Determined Learning Model of Instruction [Manuscript in preparation].

Shogren, K. A., Wehmeyer, M. L., Reese, R. M., & O'Hara, D. (2006). Promoting self-determination in health and medical care: A critical component of addressing health disparities in people with intellectual disabilities. *Journal of Policy and Practice in Intellectual Disabilities, 3*(2), 105–113. https://doi.org/10.1111/j.1741-1130.2006.00061.x

Shogren, K. A., Zimmerman, K. N., & Toste, J. R. (2022). The potential for developing and supporting self-determination in early childhood. and elementary classrooms. In J. McLeskey, F. Spooner, B. Algozzine, & N. L. Waldron (Eds.), *Handbook of effective inclusive elementary schools: Research and practice* (2nd ed.). Routledge.

제 11 장

SDLMI 실제의 미래 방향

장애인들은 자기결정을 위해 노력해 왔습니다. 처음부터 그랬듯이, 장애인들은 SDLMI를 활용하는 것과 같이 자기결정을 증진하기 위한 노력을 주도할 수 있고 주도해야 하며 이를 통해 그들의 요구가 충족됩니다.

(Brad Linnenkamp, 자기옹호자, 지역사회 연락 담당자 및 연구원, 캔자스 대학교 발달장애센터)

이 책은 **모든** 학생, 특히 전환기 장애 학생들의 삶에서 자기결정의 중요성과 영향을 강조했다. 각 장에서는 학교와 지역사회 환경에서 자기결정을 증진하기 위해 증거기반의 자기결정교수학습모델(SDLMI)을 어떻게 활용할 수 있는지에 대한 유용한 정보를 제공하고자 했다. SDLMI는 모든 학생이 자신의 삶에 원인 주체(causal agents)가 될 수 있도록 역량을 강화함으로써 그들이 자신을 위해 의미 있는 목표를 설정하고 이를 향해 노력하며, 자기 자신과 공동체를 위해 옹호하도록 한다. 우리는 여러분이 SDLMI를 활용하여 학생들이 환경에서 자기결정을 증진할 수 있도록 지원할 수 있는 방법뿐만 아니라 SDLMI와 같이 자기결정을 강화하기 위해 고안된 증거기반 실제를 학교와 지역사회에 도입함으로써 여러분이 **어떻게 옹호자이면서 변화의 주체가 될 수 있을지도** 생각해 보길 권장한다. 여러분이 소그룹에서 장애 학생들이 전환계획의 목표를 설정하도록 지원하고 있고, 동시에 그 학생들이 또래와 함께 하는 학업 및 일반학급에서 목표를 설정하는 것을 배우고 있다면, 이것이 얼마나 강력할 수 있을지 생각해 보라. 이러한 경험은 자기결정 증진이 **모두**를 위한 것이며, 다양한 환경을 아우르며 목표를 설정하고 그 목표를 향해 노력하는 기회가 핵심이라는 점을 여러분의 환경에 있는 모두에게 강조하게 될 것이다!

이 책의 각 장은 SDLMI가 활용될 수 있는 여러 가지 방법을 강조한다(예: 7장–통합 환경에서의 활용; 8장–전환계획에서의 활용; 10장–지역사회 및 가상 환경에서의 활용). 또한 학교 리더의 지원과 계획을 통해 SDLMI가 계층적 접근 방식에 어떻게 삽입될 수 있는지(5장)에 대한 다양한 방법을 제시한다. 6장에서는 SDLMI와 자기결정 교수가 문화감응적이고 학생들의 지식 기반과 일치하도록 하여, Banks 등(2022)이 설명한 것처럼, 그들이 '자신의 삶의 경험의 주체'가 되고, '문화적 주체성'을 개발하며 '긍정적인 문화적 정체성'(p. 98)을 형성하도록 노력할 수 있는 방법을 설명한다. 우리는 나아가 다양한 방식으로 의사소통하는 학생들이 SDLMI를 활용하는 동안 어떻게 지원받을 수 있는지(9장)를 상세히 설명하면서 다양한 의사소통 스타일, 선호, 요구를 통합하고 인정할 수 있도록 한다. 우리는 또한 자기결정 교수에서 형평성과 통합을 증진하기 위해 학생, 가족, 지역사회의 역량을 강화할 수 있도록 평가정보를 이용할 수 있는 방법들을 제안한다(4장).

이 모든 정보와 장애 분야의 리더들이 자기결정의 중요성을 강조하기 위해 노력해 온 이후 이루어진 상당한 진전에도 불구하고, 1장에서 읽은 바와 같이, 자기결정 성과에서뿐만 아니라 자기결정 교수 및 지원을 제공하는 방법에서의 형평성을 증진하기 위해 해야 할 일이 남아있다. 특히, 자기결정 교수를 실제에 삽입하는 방법을 더 깊이 탐구하고, 모든 학생, 가족, 교사, 지역사회 구성원의 요구를 다루기 위한 방식으로 SDLMI를 실행하는 데 가장 효과적인 지원을 더 잘 이해할 필요가 있다. 이 책 전반에 걸쳐 우리는 지난 20년간 연구와 실제를 통해 배운 점들을 설명했다. 이 책에서 설명한 우리가 배운 것들과 그것으로부터 도출된 전략들은 학생, 가족, 교육자, 그리고 다른 지역사회 구성원들이 자기결정을 증진하기 위해 함께 협력할 수 있는 기회를 창출하는 데 사용될 수 있으며, 이를 통해 자기결정과 가치 있는 졸업 이후 성과(예: 경쟁력 있는 통합 고용, 지역사회 참여)에 대한 구조적인 장벽에 도전할 수 있다. 우리는 향후 20년 동안 자기결정 실제에서 더 많은 성장과 발전을 이루고 자기결정 연구에서 형평성과 통합에 대한 초점이 더욱 강화되기를 기대한다.

이 마지막 장에서는 자기결정 실제의 미래를 형성하는 데 중요하다고 생각되는 영역을 강조하고자 한다. 여기에는 학생, 가족, 교사 및 기타 지역사회 구성원들이 앞으로 SDLMI를 활용하여 그들의 삶에서 의미 있다고 확인한 목표와 가치 있는 졸업 이후 성과를 지원할 수 있을 것이라고 기대하는 방법들이 포함된다. 그러나 이것은 지금 이 순간 우리의 생각일 뿐이며, 여러분 같은 현장 전문가뿐만 아니라 학생, 가족, 지역사회 구성원들이 우리가 상상한 것을 훨씬 넘어 연구와 실제를 발전시킬 새로운 방향을 알리고 이끌 수 있길 기대한다. 변화를 창출하려면 협력이 필요하므로, 우리는 이 책에서 영감을 받은 여러분과 다른 사람들이 장애 학생을 포함한 모든 전환기 학생이 자기결정적이 될 수 있도록 지원하는 공통 목표를 중심으로 지역사회를 구축해 가길 바란다. 특히 사회에서 소외를 경험한 청년들이 비판적 사고를 가지고 앞으로의 발전을 위한 방향을 제시할 수 있는 역량을 강화할 수 있도록 지속적인 노력을 기울이기를 요청한다. 우리의 생각들은 아래 네 가지 영역으로 구조화하였으며, 이는 다른 사람들에 의해 확장될 수 있다.

SDLMI 실행자, 교육자, 또래 지원자 및 리더로서의 장애인

이 장은 지적 및 발달 장애를 가진 Brad Linnenkamp의 인용문으로 시작했다. 그는 장애 분야에서 형평성을 증진하고자 하는 자신의 관심과 열망에 맞는 진로를 구축했다. [그림 11-1]의 Brad의 **자기결정 이야기**에서 더 자세히 설명되었듯이, Brad는 자신의 모든 역할(예: 연구자, 리더, 동료 지원자)에 걸쳐 장애인이 자신의 삶의 모든 측면에 참여하고 리더십을 발휘할 기회를 창출하는 데 초점을 두었다. Brad에게 있어, 이것은 장애를 경험한 당사자들이 주도하고 공동으로 이끄는 더욱 참여적이고 협력적이며, 통합적인 SDLMI 실행에 장애 연구 및 실제 분야가 참여하도록 독려하는 것을 포함한다. Brad는 이러한 사고방식의 힘을 보여 준다.

장애인들이 목표를 설정하고 그 목표를 향해 나아가는 데 있어 장애물을 극복하도록 지원하기 위해, 이러한 장애물을 깊이 이해하고 자신의 삶에서 어떻게 해결책을 찾았는지를 공유할 수 있는 사람보다 더 적합한 사람이 누구인가? Ricky Broussard는 6장에서 장애 청년들에게 자기결정 교수를 제공하는 또래 지원자로서 어떻게 행동했는지를 설명할 때 유사한 관점을 공유했다. 공유된 경험과 문화적 정체성을 공유하는 역할 모델의 힘은 문화적 주체성과 자기결정을 증진하는 데 있어 결코 과소평가될 수 없다. 우리는 연구와 실제에 대한 통합적이고 참여적인 접근 방식이 지속적으로 성장할 것을 기대하는데, 이는 장애인, 특히 다른 형태의 소외를 경험하는 장애인들이 SDLMI의 실행과 자기결정 연구, 정책 및 실제에서 교육자, 또래 지원자, 리더로서 중요하고 긍정적인 영향을 미칠 수 있고 만든다는 인식을 기반으로 한다. 우리는 학교와 지역사회가 장애인들이 자신의 지식 자원과 전문성을 공유할 수 있는 참여 및 진로를 발전시키는 모델을 점점 더 수용하기를 바라고 있으며 여기에는 SDLMI를 실행하고 이끄는 것이 포함된다.

저는 장애 분야에서 자기 권리와 지적 및 발달장애(IDD)를 가진 다른 사람들의 권리를 위해 싸우는 자기옹호자로서 다양한 역할을 해왔습니다. 저는 제 직업이 무엇이든 항상 옹호자가 될 것입니다. 지금은 캔자스 자기옹호 연합에서 일하던 유급 자기옹호자에서, 캔자스 대학교 발달장애센터(KUCDD)에서 유급 연구원 및 지역사회 연락 담당자로 역할이 바뀌었습니다. KUCDD에서 저는 지적 및 발달장애인들의 목소리가 실제로 연구에 반영되고, 그 연구가 실제에 활용되도록 하기 위해 주력하고 있습니다. KUCDD에서는 자기결정과 SDLMI 활용에 중점을 둔 많은 연구를 수행하고 있습니다. 저는 SDLMI가 장애인들에게 실제로 의미 있게 적용될 수 있도록 하고, 사람들이 SDLMI와 같은 증거기반 중재를 통해 지역사회를 돕고 장벽을 허물 수 있도록 하는 일을 이끌고 있습니다. 불행히도 모든 연구자와 현장 전문가가 저와 다른 장애를 가진 사람들이 얼마나 기여할 수 있는지를 인정하고 있지는 않지만, 점점 나아지고 있습니다. 사실, 제 인생을 돌이켜 보면 많은 사람이 제 장애 때문에 제가 연구를 하거나 SDLMI와 같은 중재를 실행할 수 없다고 가정하곤 했습니다. 그러나 저만이 할 수 있는 방식으로 제 삶의 경험을 연구에 반영하는 것이 제게 중요합니다. 저는 또한 다른 장애인 옹호자들의 목소리도 연구에 포함되기를 바랍니다. 이는 저에게 도전이지만, 동시에 자부심을 주며, 장애를 가진 다른 사람들과 지역사회, 그리고 교사와 다른 전문가들에게 영향을 미친다고 생각합니다.

중재를 실행하고 연구를 이끄는 데는 어려움이 있다는 점을 이야기하는 것이 중요합니다. 종종 훈련이나 회의에서 제시되는 정보를 처리하는 것이 어렵고, 그래서 저는 사람들에게 이해할 수 있도록 설명해 달라고 요청할 필요가 있습니다. 처음에는 어려웠지만, 나중에는 다른 사람들도 논의가 명확하고 체계적으로 이루어지며, 질문과 기대가 명확하게 제시되도록 하는 것에서 유익을 얻는다는 것을 깨달았습니다. 이러한 경험은 KUCDD에서 우리가 하는 일들이 장애인을 포함한 모든 사람이 SDLMI 촉진자, 또래 지원자, 그리고 리더가 될 수 있도록 지원할 수 있는 쉬운 언어로 된 훈련과 자료를 만드는 데 중점을 두도록 추진하는 계기가 되었습니다.

저의 핵심 메시지는, 사람들은 장애인에 대해 섣불리 가정하는 것을 멈춰야 한다는 것입니다. 우리는 SDLMI 훈련자, 촉진자, 교사, 연구자, 리더, 또는 우리가 상상할 수 있는 어떤 역할도 할 수 있습니다. 과거에는 사람들이 저를 알기도 전에 제 입장을 대신 말하거나 추측하곤 했습니다. 하지만 저는 제 목소리를 낼 수 있으며, 다른 장애인들이 자기 목소리를 내고 자기결정을 할 수 있도록 가르치고 지원할 수 있습니다. 저 또한 많은 장애물을 마주했기 때문에 저는 장애인들의 장애와 필요를 잘 이해하고 있습니다. 그리고 저는 우리 모두가 장애인들이 장애인에 대한 연구를 주도하고, 함께 이끌고 있다는 것을 확신하길 원합니다.

저는 우리가 공동체로서, 우리 모두의 기여를 인정하며 이것을 함께 할 수 있다고 생각합니다.

- Brad Linnenkamp, 자기옹호자, 지역사회 연락 담당자, 연구원, 캔자스 대학교 발달장애센터 -

[그림 11-1] 나의 SDLMI 이야기: SDLMI 실행자, 또래 지원자 및 리더로서의 장애인

지원 및 실행의 확대

우리는 이 책 전반에 걸쳐 SDLMI 및 이와 관련된 교육 자료와 자원들을 통해 교육, 실행 및 성과 추적을 위한 다양한 지원을 강

조했다. 그러나 자기결정 교수를 생애 전반에 걸쳐 다층지원체계(5장)에 삽입할 수 있는 가장 효과적인 방법을 결정하고, 이를 통해 교육자들에게 필요한 지원(예: 코칭, 중재 전달 및 결과 추적을 위한 온라인 자료)을 제공하는 것이 절실히 필요하다. 학교, 학군 및 주 교육부에서 자기결정 중재를 코칭하고 이러한 중재의 채택을 증진하는 최선의 실제를 활용함으로써 모든 교수 활동에 자기결정이 스며들도록 하기 위한 지속적이고 장기적인 지원이 이루어질 수 있다. 우리는 자기결정 교수를 전달하는 가장 효과적인 방법(비용 효율적인 방법 포함)에 지속적으로 집중하는 것이 SDLMI의 활용을 확대하기 위해 필요한 핵심 요소를 이해하도록 도울 수 있을 것이라고 기대한다. 예를 들어, 연구기반 코칭과 훈련 실제를 학교의 계획과 우선순위에 어떻게 삽입할지를 결정하는 것이 필요하며, 자기결정 교수를 제공하기 위한 대안적이고 보충적인 방법도 필요하다. 예를 들어, 목표 설정 도전 앱(Goal Setting Challenge App: GSC App)은 기술을 통해 SDLMI를 제공하기 위해 개발되고 있으며(Mazzotti et al., 2022), 학생들의 목표 달성과 교사의 교수 계획을 위한 시간 부담을 줄이는 데 긍정적인 영향을 미친다(Shogren et al., 2022). 학습을 위한 기술 및 기술적 지원에 대해 우리가 배우고 있는 것을 활용하기 위한 지속적인 개발이 필요하다.

가정-학교-지역사회 연계

이 책 전반에 걸쳐 언급했듯이, 그리고 모든 교육자가 잘 알고 있는 바와 같이, 가정, 학교 및 지역사회 간의 강력한 연계를 구축하는 것은 교육적 성과에 필수적이다. 가족은 학생들이 고등학교 이후의 삶에 대한 비전을 성취할 수 있도록 지원하는 데 적극적인 역할을 할 수 있으며, 그렇게 해야만 한다. 가족은 종종 성인기로의 전환에서 '핵심 요소'로 간주되기 때문이다. 가족은 동시에 학교기반 서비스와 지원에서부터 성인 서비스 제공 시스템으로의 전환을 탐색하도록 지원하며, 지속적으로 지원을 제공하고 적절한 서비스를 옹호한다.

가족 참여의 이점을 입증한 연구에도 불구하고, 가족은 학교기반 중재에 의미 있게 참여하는 데 많은 장벽을 경험하고 있다(Boehm et al., 2015). 이러한 장벽에는 가족과 학교 간의 의사소통 부족, 가족을 의미 있게 참여시키기 위한 현장 전문가의 훈련 부족, 그리고 문화적 및 언어적으로 소외된 배경을 가진 가족에 대한 더 악화되고 고유한 장벽이 포함된다. 자기결정 교수와 SDLMI는 SDLMI 실행에서 가족과 지역사회를 참여시키는 것의 중요성을 오랫동안 강조해 왔지만, 가정-학교-지역사회 간의 연계를 구축하고 문화적 지속가능성을 증진하는 데 있어 우선순위를 재설정할 필요가 있다. 학교기반 중재에서 목표와 미래 계획에 대한 의사소통을 증진하고, 가족과 지역사회의 목소리, 경험 및 지식 자원을 학업적 교육과정뿐 아니라 장애 학생의 개별화교육프로그램(IEP)과 장애 학생의 전환목표 개발에 반영하는 방법을 더 탐색할 기회가 있다.

모두의 성장을 위한 다양한 형태의 소외 경험에 집중

마지막으로, 이 책 전반에 걸쳐 특히 6장에서 언급된 바와 같이, 문화적으로 지속가능한 SDLMI 실행에 참여하기 위한 노력을 발전시킬 필요가 있다. 이것은 자기결정을 증진하기 위한 모든 노력에 걸쳐 반영되어야 한다. 이 내용을 본문에서 별도의 장으로 다루고 있지만, 우리는 형평성을 증진하고 모든 지역사회 구성원, 특히 기존 연구와 실제에서 소외되어 왔거나 소외되었던 사람들의 지식 자원을 활용하기 위한 노력에서 자기결정과 SDLMI 교수가 중요한 근간이 된다는 점을 강조하고자 한다. 3장에서 강조했듯이, SDLMI에 관한 연구는 아직 인종적 정의와 장애 정의, 그리고 모든 실행 과정에서 이들의 교차성 문제를 충분히 다루지 않았다. 이는 반드시 변화해야 한다.

형평성의 증진을 위해서는 소외된 장애인, 장애를 가진 유색인종, 그리고 기타 역사적으로 소외된 공동체의 정체성과 지식 자원의 표현과 통합에 대한 구조적인 장벽을 확인하고 해체할 필요가 있다. 통합과 자기결정 연구와 실제에서의 포용성을 증진하기 위해, 우리는 각자의 정체성, 학습 방식, 그리고 목표와 이를 위한 경로를 결정하는 접근 방식을 환영하고, 반영하며, 소중히 여겨야 한다. 통합과 문화적 정의를 증진시키기 위해서는 우리 모두의 행동, 의도, 그리고 지속적인 실천이 필요하다. 이는 목소리를 높이고 다양한 형태의 소외를 경험한 사람들이 직면한 구조적인 장벽에 도전하는 데 초점을 맞출 것을 요구한다. 여러분에게 마지막으로 전하고 싶은 메시지는 다음과 같다: 다양한 형태의 소외 경험을 자기결정 연구 및 실제의 중심에 두고, 이러한 경험과 목소리를 높여 우리 없이 우리에 대한 것은 없다(Nothing About Us Without Us)는 정신을 발전시키는 **옹호자와 변화의 주체가 되어 주십시오.**

참고문헌

Banks, J., Smith, P., & Charington Neal, D. (2022). Identity politics: Exploring disCrit's potential to empower activities and collective resistance. In S. A. Annamma, B. Ferri, & D. Connor (Eds.), *DisCrit expanded: Reverberations, ruptures, and inquiries* (pp. 96–111). Teachers College Press.

Boehm, T. L., Carter, E. W., & Taylor, J. L. (2015). Family quality of life during. the transition to adulthood for individuals with intellectual disability and/or autism spectrum disorders. *American Journal on Intellectual and Developmental Disabilities, 120*(5), 395–411. https://doi.org/101352/1944-7558-120.5.395

Mazzotti, V. L., Shogren, K. A., Stewart-Ginsburg, J. H., Wysenski, D., Burke, K. M., & Hildebrandt, L. (2022). Development of the goal-setting challenge app: Engaging users to promote self-determination. *International Journal of Disability, Development, and Education, 69*(1), 331–351. https://doi.org/10.1080/1034912X.2021.1959022

Shogren, K. A., Mazzotti, V. L., Hicks, T. A., Raley, S. K., Gerasimova, D., Pace, J. R., Kwiatek, S. M., Fredrick, D., Stewart-Ginsburg, J. H., Chapman, R. A., & Wysenski, D. (2022). The goal setting challenge app: Impact on transition goal attainment outcomes of students with disabilities [Manuscript submitted for publication].

찾아보기

저자 소개

Karrie A. Shogren

미국 캔자스 대학교(The University of Kansas) Ross 및 Marianna Beach 센터의 특수교육 석좌 교수이자 캔자스 대학 발달장애센터 소장이다.

Sheida K. Raley

미국 캔자스 대학교(The University of Kansas)의 캔자스 대학 발달장애센터 조교수이자 연구 조교수이다.

역자 소개

이숙향 Suk-Hyang Lee

이화여자대학교 특수교육과를 졸업하고, 미국 캔자스 대학교에서 특수교육학 박사학위를 취득한 후, 2008년부터 이화여자대학교 특수교육과 교수로 재직 중이다. 관심 있는 연구주제는 지적장애, 통합교육, 자기결정 및 전환교육으로, 특히 장애 학생의 자기결정 증진을 위한 다수의 연구를 수행하고 논문을 집필하였다. 대표 역서로는 『발달장애 학생의 자기결정 증진 전략』(학지사, 2010), 『장애학생을 위한 전환교육과 전환서비스』(공역, 시그마프레스, 2011), 『질적연구: 시작부터 완성까지』(공역, 학지사, 2013) 등이 있고, 그 외 교육부 과제의 책임연구자로 『초 · 중등학교 통합교육 실행 가이드북』(교육부, 세종특별자치시교육청, 2017)을 집필하였으며, 국외 지적장애 관련 저서들에 집필진으로 참여한 바 있다.

자기결정교수학습모델(SDLMI)

-자기결정 학습을 위한 교수모델 실행 가이드-

The Self-Determined Learning Model of Instruction
– A Practitioner's Guide to Implementation for Special Education –

2025년 4월 25일 1판 1쇄 인쇄
2025년 4월 30일 1판 1쇄 발행

지은이 • Karrie A. Shogren · Sheida K. Raley
옮긴이 • 이숙향
펴낸이 • 김진환
펴낸곳 • (주) 학지사
04031 서울특별시 마포구 양화로 15길 20 마인드월드빌딩
대 표 전 화 • 02)330-5114 팩스 • 02)324-2345
등 록 번 호 • 제313-2006-000265호

홈 페 이 지 • http://www.hakjisa.co.kr
인스타그램 • https://www.instagram.com/hakjisabook

ISBN 978-89-997-3403-8 93370

정가 17,000원

역자와의 협약으로 인지는 생략합니다.
파본은 구입처에서 교환해 드립니다.